知的生きかた文庫

60歳からの「般若心経」

公方俊良

JN102938

三笠書房

はじめに

変化の時代を生きるヒント

昔の人の言葉に次のものがあります。

「五十・六十、花なら蕾《つぼみ》。七十・八十、働きざかり。九十になって迎えが来たら、百まで待てと追い返せ」

痛快ではありませんか。

このような心意気で、後半の人生を生きたいものです。

ところが、現実はそう簡単ではありません。心は元気でも、肉体は老化したり、病気になったり、記憶力が低下したり、寿命も人それぞれで、思うようにいかないのが人生です。

そのうえ、現代は変化のスピードが速く、新しい技術や商品が次々に生まれ、環境変動や経済変動なども次々と起こる時代です。

これから何が起こるのか、世界は、日本はどこに向かっていくのか。まったく先の見えない時代です。

こうしたなかで、振り回されず、心やすらかに生きるためには「変化の時代を生きる智恵」を身につけていくことが求められます。

そのためには、仏教、なかでも「般若心経」の教えを学ぶのがうってつけです。

仏教の根幹の教えに「三法印《さんぼういん》」があります。

一つは、諸行無常《しょぎょうむじょう》（あらゆるものは変化する）。一つは、諸法無我《しょほうむが》（あらゆるものは実体がない）。一つは、涅槃寂静《ねはんじゃくじょう》（煩悩を滅却したところに、真のやすらぎがある）です。

これらの教えを凝縮して示されているのが「般若心経」です。たった二七六文字の短い経典のなかに、仏教のエッセンスがすべて内蔵されているのです。

変化の時代を自在に生きるには、「過去のしがらみ」や「執着」を捨て去ることが大切です。

これを「般若心経」では「空《くう》」とか「無」といいますが、この智恵を身につけていくことは、変化の時代に流されない主体性を確立するための学びです。

「般若心経」の智恵に学び、人生の芯になる自身のぶれない哲学を持つことで、何事にも動じない生き方ができるようになるのです。

今までの人生設計は、定年、年金など、すべて人生七十年を目途に組み立てられていました。

しかし今日は、人生一〇〇年時代といわれ、寿命が延びてきましたから、その差の三十年が、経験のない不安をもたらしているのです。老後破産、老々介護、独居老人、老人を狙った詐欺や犯罪の多発など、さまざまな問題が浮上してきました。

これらを克服するにも、仏教の「足るを知る」生き方を根底にした、資産（安心できるお金、信頼できる人間関係）の設計の見直しをしていくことが肝要です。このことについても、「般若心経」に多くの智恵が示されています。

また、人生最後の大問題が「死」です。もともと生と死は一如なのですが、人は生に執着して、死を恐れます。しかし、「般若心経」の「空」の生き方に学び、日々「死に方用意」をしていけば、死の不安を克服することができます。

本書は、六十歳からの生老病死などさまざまな問題に対する人生訓を、「般若心経」の教えを通して解き明かしたものです。ご参考にしていただければ幸いです。

合　掌

令和五年三月

公方俊良

目次

第二章 「心の充足感」の求め方
——「足るを知る」コツ

第三章
ぶれない「心の軸」の置き方
――その迷いはどこから来ているのか

第四章 自分の「捨て方」を知っておこう
――「空」の境地にたどりつくために

第五章

心やすらかに生きるコツ
――人生の醍醐味はこれから

本文DTP／株式会社Sun Fuerza

第一章

六十歳からをどう生きるか

「般若心経」が教えてくれること

1 あるがままに、自在に生きる智恵

心身ともに転換期を迎えるときに

仕事に追われ、自分自身の余裕すら持てない現役の時代には、定年になり退職して年金暮らしになれば、庭いじりをしてゆっくりした生活がしたい。妻と旅行がしたい。自然の中で自己を取り戻したい。趣味の道に打ち込みたいなど、幸せな老後の暮らしを夢見るものです。

しかし、現実に定年を迎えると、しばらくはそうした思いを楽しめても、なかなかそうはいかない現実が待っています。熟年になると、老化・病気などの健康問題や、夫婦の溝、親の介護や死去、子供の独立などによる孤独感、記憶力低下や無気力など精神的ショック、そして、社会の変化に対応できないジェネレーション・ギャップなど、心身ともに転換期を迎えるからです。

こうした熟年期に生じるさまざまな問題を見つめ直し、充実した老後を過ごすために、仏教を代表する経典「般若心経」の教えを通して、その対処法を逐次、回を追って申し上げてまいります。

◎般若心経——その経文と訳文

仏教は、紀元前五〇〇年頃、釈尊によって創設されました。それから五百年後の紀元前後に成立したのが大乗《だいじょう》仏教です。

仏教の改革運動として続々と新しい経典が作成されました。なかでも大乗仏教を代表する思想として登場したのが、般若経典です。全六百巻、文字数にして約三百万字にも及ぶ膨大な教えです。しかし、これでは内容がよく分かりませんから、突き詰めればこういうことだと、わずか二百七十六文字に集約され、示されたのが般若心経です。経文《きょうもん》と訳文は次の通りです。

摩訶《まか》般若波羅蜜多《はんにゃはらみた》心経《しんぎょう》

観自在菩薩《かんじざいぼさつ》、行深般若波羅蜜多時《ぎょうじんはんにゃはらみたじ》、照見五蘊皆空《しょうけんごうんかいくう》、度一切苦厄《どいっさいくやく》、舎利子《しゃりし》、色不異《しきふい》
空《くう》、空不異色《くうふいしき》、色即是空《しきそくぜくう》、空即是色《くうそくぜしき》、受想行《じゅそうぎょう》 識《しき》、亦復如是《やくぶにょぜ》、舎利子《しゃりし》、是諸法空《ぜしょほうくう》
相《そう》、不生《ふしょう》 不滅《ふめつ》、不垢不浄《ふくふじょう》、不増不減《ふぞうふげん》、是故空中《ぜこくうちゅう》、無色無受想行《むしきむじゅそうぎょう》 識《しき》、無眼耳鼻舌《むげんにびぜっ》
身意《しんに》、無色声《むしきしょう》 香味触法《こうみそくほう》、無眼界乃至無意識界《むげんかいないしむいしきかい》、無無明《むむみょう》 亦無無明《やくむむみょう》 尽《じん》、乃至無老《ないしむろう》
死《し》、亦無老死尽《やくむろうしじん》、無苦集《むくしゅう》 滅道《めつどう》、無智亦無得《むちやくむとく》、以無所得故菩提薩埵《いむしょとくこぼだいさった》、依般若波羅《えはんにゃはら》
蜜多故《みたこ》、心無罣礙《しんむけいげ》、無罣礙故《むけいげこ》、無有恐怖《むうくふ》、遠離一切顛倒夢想《おんりいっさいてんどうむそう》、究竟《くぎょう》 涅槃《ねはん》、三世《さんぜ》
諸仏《しょぶつ》、依般若波羅蜜多故《えはんにゃはらみたこ》、得阿耨多羅三藐《とくあのくたらさんみゃく》 三菩提《さんぼだい》、故知般若波羅蜜多《こちはんにゃはらみた》、是大神《ぜだいじん》
呪《しゅ》、是大明《ぜだいみょう》 呪《しゅ》、是無上《ぜむじょう》 呪《しゅ》、是無等等呪《ぜむとうどうしゅ》、能除一切苦《のうじょいっさいく》、真実不虚《しんじつふこ》、故説般若波羅《こせつはんにゃはら》
蜜多呪《みたしゅ》、即説呪曰《そくせつしゅわつ》、羯諦羯諦《ぎゃていぎゃてい》　波羅羯諦《はらぎゃてい》　波羅僧羯諦《はらそうぎゃてい》　菩提薩婆訶《ぼうじそわか》、般若心経《はんにゃしんぎょう》

現代語訳

偉大なる真実に目覚める智恵の教え

観世音菩薩《かんぜおんぼさつ》は、真実に目覚める智恵の行《ぎょう》を究められて、身も心もみな空《くう》であることを悟られ、一切の苦しみから救われる道を示された。舎利子《しゃりし》よ、形あるものは空であり、空が形あるものを構成している。したがって、形あるものはすべて空であり、空がもろもろの形あるものとなっていて、感覚も、思いも、分別も、認識もこれと同様である。舎利子よ、この世の一切のものの真実の相《すがた》は、みな空であって、生ずることもなく、なくなることもなく、垢《けが》れもせず、浄《きよ》らかにもならず、減りもせず、増えもしない。ゆえに、空が構成する実相の世界では、形あるものは何もなく、感覚も、思いも、分別も、認識も、何もない。そこには、眼も、耳も、鼻も、舌も、身体も、心もなく、また、形も、声も、香りも、味わいも、触覚も、心の作用もない。眼に見える世界から意識の世界までもない。愚かさもなく、愚かさの尽きることもなく、老死もなく、老死の尽きることもない。また、苦も、苦の原因も、苦のなくなることも、苦をなくす道もない。さらに、教えを知ることもなく、悟りを得ることもない。このように、何も得ることがないということを、菩薩は真実に目覚める智恵によってあるがままに見ることができるから、心に障《さわ》りがない。心に障りがないから恐れることがない。したがって、一切の迷いを離れて心のやすらぎに至るのである。三世の仏たちも、真実に目覚める智恵によって、完全な悟りを成就されたのである。ゆえに、真実に目覚める智恵である〝般若波羅蜜多《はんにゃはらみた》〟の教えは、大いなる霊力を持った言葉であり、明らかなる言葉であり、この上ない言葉であり、他に比類のない言葉である。したがって、一切の苦厄を除き、真実にして虚《むな》しさがない。そこで、真実に目覚める智恵に至る呪文《じゅもん》を説こう。すなわちその呪文とは、〝行こう、行こう、真実の世界へ行こう。みんなで共に行き、仏の悟りを成就しよう〟。智恵と真髄の教えを終わる。

◎「変わらないものなど何もない」と心得る

以上が「般若心経」の全容です。しかし、平易に訳しても分かりにくい教えです。いったい何が説かれているのかといいますと、一つは〝般若波羅蜜多〟つまり、真実の智恵に目覚めることです。私たちの智恵は、一見真実であるようですがそうではありません。先入観や固定観念にとらわれ、善悪や損得など、差別や分別でものごとをとらえて判断する智恵で、これを〝分別知〟といいます。

これに対して、真実の智恵とは、差別やとらわれを離れて、あらゆるものの真実のすがたを、ありのままに認識することです。こうした仏の智恵を〝無分別智〟といいます。このような仏の智恵に目覚めなさいと説かれているのです。

もう一つは、空《くう》の教えです。空とは、無いのでもなく、有るのでもなく、とらわれのない心でものごとを観察し、受容することです。

自らの老いも、社会や環境の変化も、相手や状況も、すべて変化していきます。これを〝諸行無常《しょぎょうむじょう》〟といいます。こうした無常（変化）が受け入れられなかったり、そぐわなくなったりすると、それが苦となるのです。あらゆるものは無常であると受け入れ、それに自在に対応して生きることが、空を生きることなのです。

大切な教え

◆分別知
先入観にとらわれ、善悪、有無、損得など判断する。

◆無分別智
差別やとらわれを離れ、あらゆるものの真実のすがたをありのまま認識する。

2 〝執着の筏〟を捨てよう

摩《ま》訶《か》般《はん》若《にゃ》
波《は》羅《ら》蜜《み》多《た》心《しん》経《ぎょう》

○心やすらぐ世界に至る教え

一般に「般若心経」と呼称され親しまれていますが、これは略称で、正しい漢訳の経題は「摩訶般若波羅蜜多心経」といいます。

摩訶とは、偉大なという意味で、般若とは、「智恵」を意味します。智恵といいましても、頭がいい、知識がある、ひらめきやアイデアに優れているなどの知恵だけをいうのではありません。日々、広い目、大きい目で世の中のあり方や、ものごとの本質を見すえて真実を知る能力のことです。ですから、知に日を加えた智の字を当てるのが仏の智恵です。

波羅蜜多とは、渡るとか、完成と訳されています。つまり、煩悩にまみれた此岸《しがん》（こちらの岸）から、煩悩が滅却した心やすらぐ彼岸《ひがん》（あちらの岸）に渡ることが、すなわち、智恵の完成（悟り）となるのです。

心とは、心髄、経は、教えを意味します。

つまり、摩訶般若波羅蜜多心経とは、偉大なる真実に目覚める智恵で、心やすらぐ世界に至る、心髄の教えとなります。

熟年になり六十歳も過ぎますと、誰もが世代の違いから生じる価値観の差、つまり、ジェネレーション・ギャップを感じるようになります。また、自分の人生が下り坂を迎えたことを実感し、精神的ショックを受けます。これを〝燃え尽き症候群〟といいます。

年齢とともに感じる倦怠《けんたい》、どんなに頑張っても若かった過去には戻れない無力感が増すなかで、自分は無用の人間ではないかと感じ、途方に暮れた気持ちになります。

さらに、若い人たちの理想主義、行動志向、感覚や思考に隔たりを感じ、羨望したり、自分は今の若者ほどうまくやれなかったという後悔や、自分の価値が以前より低下したとの思いが生じ、人生の虚《むな》しさを感じるようになります。

このような状況を取り払い、心やすらぐ充実した熟年を過ごすにはどうすればよいでしょうか。それがまさに、般若波羅蜜多（真実に目覚める智恵）によって、現状のままでさわやかな人生を生きることができるのです。

◎陸路に筏はいらない――執着という愚かさ

仏典に、次の話があります。

ある一人の男が旅をしていますと、大きな川にさしかかりました。川には橋もなく、舟も見当たりません。しかも、その川は川幅が広く深さもあり、徒歩で渡ることも、泳いで渡ることもできそうにありませんでした。

彼は、どうして向こう岸に渡ろうかと思案していましたが、ふと、よい方法を思いつきました。それは、木や小枝を集めて筏《いかだ》を組んで渡るという方法でした。

彼は早速、近くの森に入りたくさんの木や小枝を集めて川岸に運びました。次に、森の中から蔦蔓《つたかずら》を集めてきて、木や小枝を結わえ、筏を組み上げました。彼は、その筏を川に浮かべて乗り移り、手で水をかきながら向こう岸にたどりつきました。

そこで彼は思いました。

「筏というものは便利で役立つものだ。こんな便利なものを捨てていくことはない」

それから彼は、陸路に入っても、ずっと筏を担いで旅を続けたといいます。

これがまさに、執着という愚かさをたとえたものです。

筏が、川では便利で役立つといっても、陸路を進むときは、役立たないばかりか、邪魔になり重荷になるものです。ですから、陸路を歩くときは捨て去るべきものです。

しかし、人は長い期間にわたって、認識への執着を持つと、時が変わってもなお、認識という筏を担って、執着という道を歩き続けるのではないでしょうか。

つまり、ジェネレーション・ギャップを生じるのは、若さという執着の筏を捨てきれないでいるからです。

○「熟年を生きる力」は自分の中にある

人生には、仕事に明け暮れる川の時期、そして定年を経て歩む陸路の時期がります。川を渡るときは、筏という若さ、果敢さ、行動力などが必要でした。しかし、熟年という陸路に入れば、もう筏は必要ないのです。過去のよき思い出や執着を捨てきる、価値転換が必要です。

価値転換の対処法は、現在の自分としっかり向き合い、自分自身を見直すことです。そのための最もよい方法が坐禅です。坐禅といっても何も難しく考える必要はありません。静かな場所で一人静かに胡坐《あぐら》をかいて坐り、背筋を正して瞑目《めいもく》して自分自身を見すえていくのです。

そして、自らの人生に転機が訪れていることを自覚し、自分の気持ちが動揺していることを知り、自己の欠点や短所を認め、また、自己の長所を知る人こそ、変化を克服し対応する大人として成熟できるのです。

さらに、喪失感や苦悩、後悔の念がある場合は、それらから逃避せず、あえて言葉にし、涙を流すことによって、自分の気持ちの整理ができ、年齢相応の風格がそなわってきます。

そのためには、自分を理解してくれ、なんでも話せる、よき師、よき友を持つことです。

悩みは、誰かに聞いてもらうだけで半分は解消するといいます。さらに、励ましや、アドバイスを得られれば、生きる勇気が湧いてきます。

自分を取り巻く環境や状況は変化します。変化を止めることはできません。それならば、環境や状況に適応し、自らを変えていくのです。自らを変えるには、今までの価値観や執着を捨て去ることです。

熟年を生きる力は、他から与えられるものではなく、意外に自分の内に隠れています。それは、人は誰にも生まれながらにそなわっているこの世に二つとない宝〝仏《ぶっ》性《しょう》〟です。

仏性とは、個性、能力、可能性、キャリアなど、自己の経験に裏打ちされた力です。

この仏性を見出すにも、坐禅が最適です。静かに坐って、自己とは何者なのか、何ができるのか、なんのために生まれてきたのか、と見すえていけば、やがて発見できます。

大切な教え

摩訶般若波羅蜜多心経

偉大なる真実に目覚める智恵で、心やすらぐ世界に至る、心髄の教え。

3 「同行二人」の幸せを生きるコツ

観自在菩薩《かんじざいぼさつ》

○「観自在菩薩」はどんな仏さま?

経文《きょうもん》の最初の言葉は〝観自在菩薩〟です。観自在菩薩とは、いったいどのような仏さまなのでしょうか。実は〝観音さま〟のことです。観音さまといえば、京都・清水寺の観音さまや、東京・浅草寺《せんそうじ》の観音さまをはじめ、全国各地に観音霊場があり、仏教の仏さまのなかではもっとも多くの人々に親しまれ、信仰されている、人気ナンバーワンの仏さまです。しかし、一般的な呼び名は〝観世音菩薩《かんぜおんぼさつ》〟です。なぜ、「般若心経」ではお名前が違うのでしょうか。

それは、観音さまのお働きが大きいからです。観音さまには、世間の人々の苦しみ悩む音声《おんじょう》を観察されて、救済されるという慈悲のお働きを象徴して〝観世音菩薩〟とお呼びする場合と、一切万物は空《くう》であると、真理を観達され明恵自在であられる、智恵のお働きを象徴して〝観自在菩薩〟とお呼びする場合があります。つまり、観音さまは、智恵と慈悲の両方の働きをお持ちなのです。

ですから、「観音経《かんのんきょう》」のように、慈悲の経典に登場されるときは〝観世音菩薩〟というお名前になり、「般若心経」のような智恵の経典に登場されるときは〝観自在菩薩〟というお名前になるのです。

原書のサンスクリット語では、いずれも〝アーリャーバロキティシュバラ〟ですから、漢訳された方々の才知に驚かされます。「悲華経《ひげきょう》」に、次の話があります。

昔、転輪《てんりん》王の第一太子が〝世の中の多くの人々は、悪友と交わり正法を失って闇に落ち、善心を見失って悪心を起こし、邪《よこしま》な行いをしている。私は、それらの人々が苦しみから救われるように、善根《ぜんこん》を回向《えこう》して菩薩の道を修行しよう。それでも人々が救われることがなく、苦しんでいる間は、私も菩薩道を行《ぎょう》じ続けよう〟と願を立てられました。すると、宝蔵如来《ほうぞうにょらい》が〝あなたは悩める人々を見て大慈悲心を起こし、人々の苦悩を断ち、人々の煩悩を断って、多くの人々を安楽に導こうとするので、観世音菩薩と名づけよう〟といわれ、成仏の保証をされました。

このことから、観音さまは、元、転輪王の第一太子であったことが分かります。太子は、苦しむ衆生《しゅじょう》を救い終わるまで成仏しないという誓願を発《た》てられ、行じ続けられている菩薩であるといえます。

菩薩とは菩提薩埵《ぼだいさつた》の略称で、菩提は悟ること、薩埵は徳のすぐれた人という意味で、あわせて、自ら悟りをそなえ、世の人々の救済に勤める徳のすぐれた人といえましょう。

◎観音さまは、いつもそばにいてくださる

観音さまは、人々を救われるのに、どのような方法を取られるのでしょうか。たとえば、母親がわが子を守るときを思い浮かべてください。よちよち歩きの幼児でしたら、階段から落ちないように、道で転ばないように、常に目で見て見守ります。これ

が観音さまの〝観《み》る〟働きです。

目で見ることができないときは、子供が転んだり、怖いものに遭遇したりしたとき〝わーん〟と泣く声や、叫び声を聞いて駆けつけます。これは聞く働きです。観音さまも、同じように人々の救いを求める音声を観察して救済されますから、〝観音〟というのです。

このように観音さまは、救いを求める人々の機根（働きの根源）に応じ、さまざまな姿に変身して救済されます。そのことを〝変化身《へんげしん》〟といいます。

たとえば観音さまは、捨てられた乳飲み子が、母を求めて泣き叫ぶのを聞かれたとき、仏のお姿のままで現れると、子供は恐れますから、母親の姿に変化して救済されるのです。

また、資金繰りに窮した経営者が「観音さま、助けてください」と念じますと、観音さまは、取引銀行の支店長に変化して現れ、「よろしい、資金を貸しましょう」ということになるのです。

このことを頭に描きながら、今までの人生を振り返ってみますと、いかに多くの苦しみや危機を、さまざまな人たちのお世話になって乗り越えてきたかしれません。まさにその折々に支えられたり、救いの手を差し伸べてくださったりした方々が、実は観音さまの変化のお働きだったのです。

このように考えてみますと、この世はなんと有り難い、観音さまに満たされた世界であったと、お気づきになられたかと思います。

ですから、辛いときや苦しいときは年齢など気にせず、せいいっぱい自らの思いや胸の内を、観音さまの前に額《ぬか》ずいて、「観音さま、助けてください」と声を発して吐《と》露《ろ》することです。

そうすれば、観音さまが身近な方に変化して悩みを聞いてくださり、支えてくださるのです。

悲しみや苦しみにあっても、常に観音さまを念じ、信仰していれば、いつも観音さまが身近に寄り添ってくださり、人生を共に歩む同行《どうぎょう》二人《にん》の幸せを生きることができます。

○日々を安心して生きる方法

配偶者を亡くされ一人で生活されている方を〝没イチ〟というそうですが、観音さまの信仰に生きれば、何も寂しくはありません。観音さまがいつもそばにいてくださると思えば、決して孤独ではないからです。

そして、自分が元気で、悩みのないときは、苦しみ悩む人の声を聞いて、駆けつけて支えて差し上げれば、そのときのあなたは、まさに観音さまなのです。

仏教の教えを一言でいいますと〝慈悲〟の教えであるといえます。すべての人が他の人に対する思いやりと優しさの心で接し合っていけば、この世はすばらしい世界になります。こうした社会の実現を仏教は説いているのです。

慈とは、相手の喜びを自分のことのように喜び、悲とは、相手の悲しみを自分のことのように悲しむことで、慈悲とは、自分と相手の区別をなくして共に生きていこうという考え方です。

自分さえよければという〝自我〟を離れ、自他の一体観に生きることが〝悟り〟といえます。悟った人を仏といい、徳望がそなわります。その徳望の光を象徴して現したのが、仏の光背《こうはい》です。

大切な教え

観音さまのお働き

◆世間の人々の苦しむ音声を観察され、救済される慈悲のお働き
……観世音菩薩

◆真理を観達され、自在に対応される智恵のお働き
……観自在菩薩

4 人間関係を仕切り直す三つのポイント

行深般若《ぎょうじんはんにゃ》
波羅蜜多時《はらみたじ》

◯神器を取り合う二人に修行僧は……

行深般若波羅蜜多時の行とは、修行の意。深とは、甚深《じんじん》つまり徹底することです。行深で、徹底して修行することを意味します。般若波羅蜜多は、智恵の完成（悟り）で、時は、～した時の意です。

ですから、行深般若波羅蜜多時とは、観音さまが、智恵の完成の行を究められて、という意味になります。

迷いを離れて悟りに至るのは、並大抵の修行ではありません。徹底した修行が求められます。その修行とはどのようなものでしょうか。経典に次の話があります。

ある日、二人の男が旅をしていたとき、道端に道祖神を祀《まつ》った祠《ほこら》の前に、箱と履物と槌《つち》が供えてあるのに目がとまりました。二人が不思議に思って近づきますと、お供えの横に目録が添えてあり、次のように記してありました。

「三種の神器《じんぎ》・目録」

一、箱……福が得られる。

二、履物……天に昇ること自在。

三、槌……恨みを退散させる。

以上。

二人は、この神器が欲しくなり、「これはオレが先に見つけたのだ」「いや、オレのほうが先だ」と、神器を自分のものにするために取っ組み合いのケンカをはじめました。

そこへ、一人の修行僧が通りかかり、二人のケンカの仲裁に入っていいました。

「まあ二人とも、よい大人が道の真ん中でケンカするとは、みっともないではないか。私にワケを話してみなさい」

一人の男が答えていいました。

「実は、ここに供えられた箱と履物と槌を見つけたのですが、目録にすばらしい利益《りやく》があることが記されていて、ぜひとも自分のものにしたいと奪い合いのケンカになったのです。できればお坊さまの智恵で、二人に平等に分けてもらえないでしょうか」

「それは、どのような利益なのだ」

「はい、この箱は、福が得られ、履物は、天に昇れ、槌は、恨みを退散させてくれるというのです」

「それはたいしたものだ。よしわかった。おまえたちに平等に分けてやるから、しばらく目をつむっていなさい」

修行僧は、二人の男が目をつむっている間に、履物を履き、左手に箱をかかえ、右手に槌を持って天に舞い上がっていいました。

「欲深いおまえたちよ。平等に分けてやったぞ」

そして、修行僧はいずこともなく去っていきました。二人のもとには〝空《くう》〟が平等に残っているだけでした。

◎人間関係に訪れる大きな変化

この話も、比喩ですから、仏教の教えに置き換えて味わいますと、箱は、布施《ふせ》のたとえです。布施をすれば徳を積み、福が得られます。履物は、持戒《じかい》のたとえで、戒めを保ち悪をなさなければ、天に生まれることができます。槌は、禅定《ぜんじょう》のたとえで、心をやすらかにすると恨みを退散できます。

つまり、修行僧は、布施と持戒と禅定を修して悟りを開き、二人の男とは、愚者を指し、愚者はせっかく三種の神器に身近に接しても、行《ぎょう》じることもなく、悟りを開くこともない、という教えです。

悟りを開く修行とは、恵まれない人々に施しをする布施（慈悲）と、戒めを保ち悪をなさない持戒（清浄）と、坐禅をして心の安定をはかり真実を見すえる禅定（智恵）の三つを一心に行じることです。

熟年になりますと、大きな変化をもたらすのが人間関係です。家族でも、定年までは夫は仕事に出かけ、妻は家事をするという役割分担による責任を果たしていましたが、定年を迎えて毎日二人とも家庭にいる状況になりますと、様相が変わってきます。お互いをうとましく思ったり、束縛されていると感じたり、積年の不満が噴出したりして、夫婦の溝が深まってくる場合もあります。

仲のよい老夫婦を見かけますと、ほほえましく、また、うらやましく思えますが、現実は少数派です。以前、週刊誌の見出しで「あなたの存在がストレス。夫に早く死んでもらいたい妻たち。定年後は一緒に旅行など虫唾《むしず》が走る」という言葉を見て驚きましたが、このような現実もあるのです。

そして親の死去や介護、子供の独立、さらに働いていたときは上司、同僚、部下、取引先などから届いていた年賀状や、中元・歳暮などがどっと減り、交友も少なくなります。気心の知れた人間関係が一番必要な時期に、かえって孤独感を深めるのです。

◎「布施」「持戒」「禅定」――この三つを実践する

こうした人間関係を仕切り直すには、布施と持戒と禅定の三つがポイントです。

まず、布施の実践です。相手から何かしてもらうことを求めるのではなく、自分から相手にどうしてあげるかを考え実行していくことです。奥さまの誕生日のプレゼントや食事会などを行い、今までの苦労をねぎらってあげるなど、思いやりの心を投げかけることが大切です。

布施は、無理をして施《ほどこ》すことではありません。布施には三施《さんぜ》といって、一、財ある人がない人に財貨を施す〝財施《ざいせ》〟。二、知識や智恵ある人が教えを施す〝法施《ほうせ》〟。三、財も知識もない人は、にこやかな笑顔と優しい言葉を施し、相手の心を和ませる〝無《む》畏施《いせ》〟があります。自分のできる範囲で行うことです。

次は、持戒です。持戒とは、自らを戒め保つことです。自分の今までの行動に、自分中心の身勝手さはなかったか、相手の立場を考えた言動をしていたかを思い起こし、悪い点は改め、他の人に好かれるよい言動をするよう心がけることです。

そして、禅定です。一日一度は静かに坐って、自らを見つめ、相手のこと、世の中のことなどを見すえていくと、真実が見えてきて、そうだ、こうすればよいのか、あすればよいのかと、智恵が湧いてくるものです。

この、布施と持戒と禅定の三種の神器を、自らのものとして生かしていけば、夫婦の溝もなくなり、新しい友人や、近隣関係が構築でき、孤独でないすばらしい熟年を過ごせるといえましょう。

大切な教え

人間関係に欠かせない三つのポイント

◆布施
自分から相手にどうしてあげるかを考え実行していく。

◆持戒
悪い点は改め、他の人に好かれるよい言動をするよう自らを戒め保つ。

◆禅定
一日一度静かに坐って、自らを見つめ、相手のこと、世の中のことなどを見すえる。

5 「生・老・病・死」を超える考え方

照見五蘊皆空《しょうけんごうんかいくう》

身も心もみな「空」

照見五蘊皆空の照見とは、真実のすがたが見えることで、仏の悟りを意味します。五蘊は、色《しき》（肉体）、受《じゅ》（感受）、想《そう》（想念）、行《ぎょう》（分別）、識《しき》（認識）の五つが集積してでき上がった身心のことです。蘊は、寄り集まるという意味です。皆空は、すべて空《くう》（虚妄）であることをいいます。

通して訳すと、身も心もみな空であると悟られた、となります。これが、観音さまのお悟りの内容です。

大阪駅近くに、バスツアーの乗り場があります。早朝から熟年の方々が集まってきます。元気なお年寄りが多くおられてうらやましく思いますが、年を取ると誰もが元気で長生きできるとは限りません。

ある統計データによりますと、男性の二割、女性の一割は、六十代のうちに自立度が下がり、七十歳になる前に健康を損ねて死亡するか、重度の介助が必要になり、男性の七割、女性の九割が、七十代半ばから徐々に衰えはじめ、なんらかの介助が必要になる。八十〜九十代まで元気なのは、男性の一割にすぎないというのが高齢者の実態であると知り、衝撃を受けました。

元気でバス旅行ができるのも、多くは七十四〜七十五歳までというように、肉体には限界があるということに気づかされました。

「法句譬喩経《ほっくひゆきょう》」に次の話があります。

昔、大変な力を持った四人の修行者がいました。彼らは、空中を飛ぶこと、水中で生きること、岩石を砕くこと、人の寿命を知ること、遠くを見通すことができるという、五神通《ごじんずう》を身につけていました。

あるとき、彼らは自らの神通力《じんつうりき》で自分たちの寿命を知ってしまったのです。四人とも、あと七日しか生きられないことを知り、驚きあわてて対応を話し合いました。

一人目の修行者がいいました。

「われらは他の人にないすぐれた力を持っている。この力を活用すれば、死から逃れられないことはない。私は、海中深く潜って、寿命を奪う神の目から逃れようと思う」

二人目の修行者がいいました。

「それはよい考えだ。私は、山の中に深い穴を掘ってその中に入り、大きな岩で入り口を塞ぎ、身を隠すことにしよう」

三人目の修行者がいいました。

「私は、空に舞い上がり、雲の中に隠れていれば大丈夫だと思う」

四人目の修行者がいいました。

「私は、にぎやかな街の雑踏に紛れ込もう。そうすれば私を見分けることができないであろう」

◎老いたら老いたで、病んだら病んだで

そしてそれぞれが、自分の考えを実行しました。

七日目の夕方、一人の修行者が街角で死んでいました。また、一人の修行者の死体が海辺に打ち上げられました。一人の修行者は、天から落ちてきたのでしょうか、地面に叩きつけられたように死んでいました。もう一人の修行者の姿は、誰も再び見かけることはありませんでした。

このことを伝え聞いた僧侶が、釈尊に尋ねました。

「人は、死から逃れることはできないのでしょうか」

釈尊が答えていわれました。

「人には四事があり、誰もそれから逃れることはできない。一つは、生まれるということ。二つは、老いるということ。三つは、病むということ。四つは、死ぬということ。

と。これが四事である。命には限りがある。誰も寿命を超えて生きることはできない」

どんなに力のある人でも、財力がある人でも、今日の医療技術のすべてを駆使しても、人は定まった命しか生きることはできないという教えです。

生、老、病、死から逃れられないのが肉体です。しかし、肉体にとらわれると不安がつきまといます。

この不安を解消するのが、肉体を空《くう》じる観音さまのお悟りです。

空じることは、無くすることではありません。

かといって有ると思い悩むことでもありません。今現在のありようをそのまま、精いっぱい生きることです。

老いたら老いたで精いっぱい。病んだら病んだで精いっぱい。物忘れしたらしたで精いっぱい対処して生きることです。

◯心は身体に従う

五蘊には、色（肉体）だけでなく、受、想、行、識という四つの心の働きも含まれています。しかし、心はいくら複雑な働きをしても、心だけが存在することはありません。身体あっての心です。あくまでも主体は身体であり、心は身体に付随したものです。

身体と心を、一般には〝心身〟と書きますが、仏教では〝身心〟と書き、〝しんじん〟と読みます。これは、心は身に従うことを意味しているからです。

ですから、五蘊を空じるには、まず、身体についての思いや、とらわれを離れていくことです。

暑い、寒い、快適だ、不快だ、空腹だ、満腹だ、老いた、病んだという思いを超越して生きるのです。すると、心の思いも空じられてきます。

「菜根譚《さいこんたん》」に、次のように心を空じる方法が記されています。

思いというものは、なくしてしまうことはできない。ただ、過去の思いを留め置かずに流し去り、未来の思いをこちらからあえて迎え求めようとせず、ただ、現在の因縁に従って起こっていることを、そのまま留めて置かずに送り出してしまうことである、と。

また、五蘊皆空を表現した、禅の問答があります。

中国唐代の禅僧・洞山良价《とうざんりょうかい》に、ある僧が尋ねました。

「寒さ暑さが到来したとき、それをどう回避したらよいでしょうか」

「どうして、寒さ暑さのないところに行かないのか」

「寒さ暑さのないところとは、どんなところですか」

「寒いときは徹底して寒さになりきり、暑いときには徹底して暑さになりきることだ」

つまり、寒さ暑さから逃げるのではなく、暑さ寒さをそのままに受け止めていけば、寒暑のままに空なのです。

大切な教え

五蘊皆空

人は誰もが生、老、病、死（四事）から逃れられません。

この不安を解消するのが、観音さまの五蘊皆空のお悟りです。

身体についての思いやとらわれを離れて、老いたら老いたで精いっぱい、病んだら病んだで精いっぱい、物忘れしたらしたで精いっぱい、対処して生きることです。

6 悩みはなぜ、生じるのか

度一切苦厄《どいっさいくやく》

対立した見方が迷いとなる

度一切苦厄の度には、渡る、渡す、救うなどの意味があります。つまり、迷いの世界（此岸《しがん》）から、悟りの世界（彼岸《ひがん》）に渡ることで、先に述べた波羅蜜多《はらみた》と同義です。

一切は、すべてのもの、苦厄は、苦しみと災厄、迷いを指します。

ですから、度一切苦厄とは、観音さまが、お悟りになり、人々のあらゆる苦しみや災厄から救う道を示された、という意味です。

では、私たちの抱く苦しみや災厄、悩みは、なぜ生じるのでしょうか。

一番単純な悩みは、死ぬことです。それは、生きていることによって生じます。そして、老いる悩み、これは、若さから生じます。また、財産や家族など大切なものを失う悩み、これは、それらの大切なものを得ることによって生じます。次に、病気の悩み、これは、健康であったことによって生じます。

このように、われわれが抱く悩み苦しみとは、すべて現状の裏返しで、相対的なものです。生死、老若、健病、得失のように、相対的なものの見方、考え方によって生じます。仏教では、このように対立した見方を迷いといいます。

対立した見方をなくし、両者を一体と受け止めて、あるがままに淡々と生きることを、悟りといいます。そうすれば、一切の苦しみや災厄、迷いも空《くう》じることができるのです。

◎福の神と貧乏神の話

「涅《ね》槃《はん》経《ぎよう》」に、次の説話があります。

ある日、たいそう美しい福の神が、金持ちの家を訪れました。金持ちは福の神を見て天女が舞い降りてきたとばかり喜び、家の中に招き入れて歓待しました。

金持ちがいいました。

「あなたが行かれた家では、どこも喜ばれたでしょう」

福の神がいいました。

「私は福の神ですから、私が訪れた家は、お金や財宝に恵まれ、たいそう豊かになりました」

これを聞いた金持ちは、喜んで丁重にもてなしました。

しばらくすると、また別の婦人が金持ちの家を訪れました。その婦人は醜く、衣服も粗末でしたので、金持ちはイヤな顔をして尋ねました。

「おまえはいったい何者なのか」

婦人が答えました。

「私は貧乏神です。私が行く家は、財産を失い貧乏になります」

金持ちは声を荒らげていいました。

「貧乏神など用はない。さっさと出ていってくれ」

　すると、婦人がいいました。

「私一人を追い返すことはできません。先ほど訪れました福の神は私の姉で、私と姉は一緒にいる定めになっています。私を追い返すのなら、福の神も追い返してくださ
い」

　金持ちは驚いて、家の中にいる福の神に確かめますと、福の神がいいました。

「その通りです。妹の貧乏神を追い返すのなら、私も一緒に立ち去ります」

　金持ちはどうしようかと考えましたが、貧乏神がいたのでは、財を失ってしまうと思い、二人とも立ち去ってもらうことにしました。

　二人の神は、手に手を取って金持ちの家を出ると、今度は貧しい家を訪れました。貧しい男は、二人の来客を喜び迎えていいました。

「貧しくて、大したもてなしもできませんが、いつまでもいてください」

　福の神がいいました。

「私は財福をもたらす福の神ですが、妹は貧窮をもたらす貧乏神です。私たちは常に

一緒にいる定めなのです。先ほど、金持ちの家では追い出されたのですが、あなたはなぜ私たちを迎えてくれるのですか」

貧しい男が答えていいました。

「私の家はもともと貧しいですから、これ以上財を失うことも、貧しくなることもありません。そのうえに福の神がいてくださるのですから、これに勝る喜びはありません」

福の神と貧乏神は、貧しい男の家でなごやかに暮らしたということです。

災厄が訪れる人、訪れない人の差

この福の神こそ、人々が愛着する、生であり、健康であり、若さであり、財宝を得ることです。そして、貧乏神こそ、人々が忌み嫌う、死であり、病気であり、老いであり、財産を失うことです。

金持ちの男とは、目先にとらわれた愚かな人を指し、生や健康、若さ、財を得ることを喜び執着します。そして、死や、病気、老い、財を失うことを忌み嫌います。ですが、よくよく考えてみますと、生があるから死があり、健康であるから病気にもなり、若さがあるから老い、財を得るから失うのです。片方にとらわれる人は、その反面に悩みを生じ、迷い苦しむという災厄が訪れるのです。

貧しい男とは、賢明な人を指し、生あれば死があり、健康であれば病むこともあり、若ければ必ず老いていき、財を得れば失うときもあることを知っていますので、あるがままをそのまま受け止めて対処して生き、執着がないのです。このような人には、迷いも、苦しみも、災厄もなくなるといえましょう。

観音さまは、智恵の完成の行《ぎょう》を究められて、身体も心もすべて実体がない（空《くう》）とお悟りになり、人々の抱く執着によって生じる苦しみや災厄から解放する道を示されたというわけです。その具体的な内容が、「般若心経」で続いて説かれてまいります。

わが国の臨済宗《りんざいしゅう》中興の祖、白隠《はくいん》禅師が提唱された有名な公案《こうあん》に、「両掌《りょうしょう》、相打《あいう》てば音声《おんじょう》あり、隻手《せきしゅ》に何の音声かある」があります。

意訳しますと、〝両手を打てば音がするが、片手の音を聞いてこい〟となります。

こうした難問に取り組み、真剣に考えてみるのも、脳を活性化してくれ、ボケ防止に役立ちます。

両手を打つとは、生死、健病、老若、得失、一体の悟りの境地です。片手の音とは、生や死、病老、という片方にとらわれ悩む実態は何かを見すえてみなさい。そうすれば何もない（空）ではないか、と示しておられるのです。

大切な教え

悩みや苦しみは、すべて現状の裏返しで、相対的なものです。生あれば死があり、健康であれば病むこともあり、若ければ必ず老いていき、財を得れば失うときもあります。片方にとらわれるのではなく、そのまま受け止めてあるがままに生きることで、悩み苦しみもなくなります。

第二章

「心の充足感」の求め方

「足るを知る」コツ

7　成熟した人生を生きるために

舎利子《しゃりし》

釈尊の優れた弟子たち

舎利子は、釈尊の十大弟子の一人で智恵第一といわれた、シャリープトラのことです。音を漢字で写して、舎利弗《しゃりほつ》とか、舎利子と記されています。

インドのバラモン階級（カースト制度の最上位）の出身で、長じてバラモン僧の師サンジャヤの弟子となり修行していましたが、聡明で教学に精通していましたので、人々の崇敬を集め、やがて二五〇人の弟子を持つ師となりました。

ある日、釈尊の弟子のアッサジが托鉢《たくはつ》している姿に心を打たれ、釈尊こそ真の師であると感じて、友人の目連《もくれん》とともに、それぞれ二五〇人の弟子と集団改宗しました。

このとき釈尊は「善来比丘《ぜんらいびく》」（修行僧よ、よく来られた）といって入門を許されたといいます。

舎利子は、釈尊の教えを聞いて悟りを開き、阿羅漢《あらかん》（尊敬を受けるに値する僧）の地位にのぼりました。

舎利子は、釈尊に代わって説法ができるほど信任が厚く、釈尊の実子である、羅睺《らご》羅《ら》の後見人を務めました。しかし、釈尊より年長でしたので、先に世を去りました。

「般若心経」では、釈尊のそばにいた舎利子の問に、観世音菩薩が答えるという形で内容が展開されていますので、舎利子よ、という呼びかけになっているのです。

釈尊の教団には、舎利子をはじめ十大弟子といわれる人々がいて、教団の発展に大きな力となりました。

①智恵第一の舎利子。
②神通《じんずう》（神通力《じんつうりき》）第一の目連《もくれん》。
③頭陀《ずだ》（原語でドゥーダ。煩悩を払い、欲望を去る意）第一の摩訶迦葉《まかかしょう》。

④天眼《てんげん》（遠くまで見通す）第一の阿那律《あなりつ》。
⑤解空《げくう》（空を理解する）第一の須菩提《しゅぼだい》。
⑥論議第一の迦旃延《かせんねん》。
⑦持律《じりつ》（戒律を守る）第一の優婆離《うばり》。
⑧密行《みつぎょう》（修行に親しむ）第一の羅睺羅《らごら》。
⑨多聞《たもん》（教えを学ぶ）第一の阿難《あなん》。
⑩説法第一の富楼那《ふるな》。

これらの優れた弟子たちは、まさに当代随一のキャリアの持ち主であり、能力者といえましょう。こうした多才な人材を擁したからこそ、仏教教団は発展したのです。特に舎利子や目連の弟子五〇〇人の入団は、大きく教団の隆盛に貢献したと思われます。

◎資産家のある悲しい出来事

以前、ある悲しい事故が報じられていました。大阪府豊中市のマンションの一室で、六十三歳と六十一歳の姉妹が、餓死か病死で孤独死し、死後二十日以上たって発見されたというのです。

姉妹は五階建ての十五戸のマンションや付近の土地などを所有する資産家だったといいます。しかし、母親から譲り受けた土地などの贈与税の支払いに困り、多額の借金を抱え、税金を滞納し、マンションを差し押さえられたあとは家賃も払わず、電気やガスも止められ、室内から見つかった現金は九十円であったといいます。

この記事を読んで、なぜ資産家なのにこうした結末を招いたのかと不思議に思いました。姉妹二人だけでなく、もう一人相談できる誰かがいれば、三人寄れば文殊《もんじゅ》の智恵といいますように、生きるすべが開けたと思います。

定年までは、仕事や雑事に追われます。定年後はそれらのことから解放されるかといいますと、そういうわけではありません。病気、近所付き合い、住居、介護、年金管理、資産管理、贈与・相続、葬儀・墓……死ぬまでさまざまな雑事に追われるものです。

そうした問題が生じたとき、早めに気心の知れた友人や専門家と交友関係を築き、気脈を通じていれば、相談して問題は解決されるものです。

定年までは、多くの体験や人脈を豊富に持ち、健康で気力もあります。これを、定年後も維持するように活動をしていくことで、充実した熟年を生きることにつながります。

◎友情は「淡の交わり」まで深めてこそ

日本人の平均寿命は、男性八十一・四七歳、女性八十七・五七歳と延び、人生一〇〇年の時代を迎えようとしています（二〇二一年現在）。そうしたなかで、一人暮らしの高齢者は、六二七・四万人（二〇一七年）と増え続けています。

地縁血縁が薄くなっている今日の社会では、独居高齢者が増え、孤独死などの深刻な問題が増えていくと思われます。

こうしたとき、相談できる人を持つことが、心の支えになります。そのためには日ごろから、交友を維持するために、年賀状、暑中見舞い、電話やメール、ＳＮＳなどを活用したり、同窓会やサークル活動をしたりするなど積極的な取り組みが大切です。友達づくりで大切なことは、自分にないものを持った異質な友を多く持つことだといいます。たとえば、医学、法律、税務、IT、文学、芸術など、幅広い分野の友を持っていれば、それらの分野で問題が生じたとき、友人に相談するだけですぐに対処でき、解決するからです。

ホンダの創業者である、本田宗一郎氏は、友達に相談するときのコツとして、「『このことは、君に聞くに限る』という一言をいいなさい。そうすれば相手は真剣に教えてくれる」といっています。

釈尊の教団は、十大弟子に見られますように、多くの異質な優れた人材を持っていましたから、さまざまな問題に対処でき、発展したのだと思います。

長続きする交友関係を築くには、顔の見えないメールやSNSよりも、肉筆の手紙や電話です。相手の誠意や心が伝わるからです。そして、最もいいのは、時には住居を訪ねていくことです。相手の様子もよく分かり、足も鍛えられ、健康的です。また、思いやりや、優しさも伝わり、友情が深められます。

茶道の言葉に、「淡交《たんこう》」があります。茶葉に何度も湯を注いで飲んでいくと、味が薄くなります。それを淡の味わいとして尊びます。友情も、相手の長所も短所も超えて長くつき合う、淡の交わりまで深めたいものです。

大切な教え

充実した熟年を生きるためには相談できる人を持つこと。自分にないものを持った異質な友を多く持てればなおよし。日ごろから、年賀状、暑中見舞い、電話、メール、SNSなどを活用し、同窓会やサークル活動などにも積極的に取り組んで、交友関係を維持することが大切です。

8 「老前整理」のすすめ

色《しき》不《ふ》異《い》空《くう》
空《くう》不《ふ》異《い》色《しき》

とらわれるべきものなど何もない

色不異空、空不異色の色は、肉体、形あるもの、壊れるもの、変化するもの、欲望の対象となるものなど、さまざまな意味があります。

不異は、異ならず、つまり否定のまた否定で、同じという意味です。空は、何もとらえるべきものがないこと、また、欲を離れる意もあります。

空不異色は、色不異空の裏返しで、同じことを繰り返すことによって意味を強調しているのです。

つまり、色不異空、空不異色とは、形あるものは空であり、空なるものが形あるものを構成している、という教えです。

形あるものは、常に変化し、やがて壊れ、消滅して空に帰します。私たちの生活の拠りどころである住宅も、建てたときは新しくても、時とともに古くなり、屋根が壊れたり、外装のペンキがはげたり、水回りが腐食し、修繕や改修が必要になったりして、住宅ローンが終わったころには、修繕代がかかるようになります。そして人が住まなくなれば廃屋となり、腐敗して崩壊し、空に帰してしまいます。

しかし、空に帰すには、長い年月がかかります。ですが、崩壊はある日突然起こるのではなく、日々刻々、目には見えませんが、瞬時も止まることなく変化しています。ですから、物質は瞬時に変質して同一のものではないといえます。これを「変壊《へんね》」といいます。

また、物質は二つのものを同時に用いることができない性質を持っています。たとえば、住宅と別荘を持っているといっても、一人で同時に住むことができないようなものです。これを「質礙《せつげ》」といいます。

このように、物質には、変壊と質礙による空しさがあります。すなわち、色は空であり、とらわれるべき実体は何もないという教えです。

◎人生は、虚しく儚い〝砂の城〟と同じ

「修行道地経《しゅぎょうどうじきょう》」に、次の説話があります。

ある海辺の砂浜で子供たちが砂遊びをしていました。

ある者は城をつくり、ある者は宮殿をつくるというように、それぞれの子供が自分の理想の住まいを形づくり、「これがボクの城だ」「これがボクの家だ、すごいだろう」と自慢し、競い合っていました。

そのとき、一人の子供が立ち上がろうとして砂の穴に足を取られ、隣の子供がつくった城の上に尻餅をついて壊してしまいました。

さあ大変です。自分の城を壊された子供が怒りをあらわにして、尻餅をついた子供に殴りかかり、他の子供たちにも自分の城が壊された非を訴えていいました。

「こいつが、せっかくつくったボクの城を壊したんだ。みんなでやっつけてくれ」

するとと他の子供たちも加勢して、城を壊した子供を殴ったり蹴ったりしました。殴られた子供は、ワアワア泣き出してしまいました。

そうこうしているうちに日が暮れてきて、西の空が茜《あかね》色に染まるころになると、誰いうとなく、

「夕ごはんの支度ができたころだから、そろそろ家に帰ろう」

「母さんが待っているから帰ろう」

と、一人去り、二人去りして帰っていき、みんなに殴られて泣いていた子供も家に帰っていきました。

誰もいなくなった砂浜には、子供たちがつくった城や宮殿や家が残されていました。しばらくすると満ち潮になり、波が砂浜に押し寄せ、子供たちがあれほど大切にしていた砂の城も、宮殿も、波に流されて跡形もなくなってしまいました。

翌日になると、また子供たちが砂浜に集まってきました。昨日の出来事など誰も忘れたかのごとく、それぞれに、再び砂の城や宮殿をつくり、「これがボクの城だ、すごいだろう」「これがボクの宮殿だ、立派だろう」と競い合い、嬉々として遊んでい

ました。

このように、子供が砂の城を築いて遊ぶさまが、まさに私たちの人生です。私たちがつくり出し、追いかけているものは、実に砂の城のように虚《むな》しく儚《はかな》いものです。大人たちはそれらに執着して生きますから、葛藤や禍根を残すことになるのですが、子供たちは翌日にはサラリと忘れ去り、日々を嬉々として生きています。私たち大人もとらわれない子供の心に立ち返り、サラリとした日々を生きたいものです。

モノを捨てる三つの方法

私たち熟年世代は、戦後の貧しさのなかから、高度成長期を経て、物質的豊かさを追い求め、多くのモノを買い込み、蓄えてきました。まさに家の中は、六畳の間がモノに満たされ、四畳半にしか使えないほどです。

しかし、モノを整理しよう、処分しようと思っても、いざ処分しようとなると、それぞれに愛着もあり、思い出もあり、また使うかもしれないという思いも去来して捨てられず、相変わらずモノに囲まれて生きています。

ですが、いくら自分にとって大切だ、愛着があるといってみても、死ねば残された人にとっては不要品にすぎないのです。

実際に親が亡くなられたとき、大量の遺品を処分する苦労を経験された方もいらっしゃるでしょう。実に、色は空です。


いま、老前整理という言葉が提唱されているそうです。老いを前に、今後の暮らしに必要なモノだけを残し、他のモノを処分して身軽に生きようというものです。

モノを処分するには、「使う」「捨てる」「保留」の三つの用途に分類して、捨てるモノは即座に処分し、保留のモノは、二年以上使わなかったり、着たりしなければ処分するなどの基準を決めて、整理していくとよいようです。

趣味や道楽で収集した愛着あるモノは、他の人にとって価値が分かりませんから、亡きあとは二束三文で処分されてしまいます。価値あるモノは、公的機関などに寄付されれば、自分の志が残ります。

禅の道歌に次の言葉があります。

「モノ持たず、モノ蓄えず、欲しがらず、着の身着のまま、これが極楽」

大切な教え

色不異空　空不異色

大切なモノ、便利なモノもやがて空に帰してしまいます。

モノにあまり執着しすぎず、とらわれずに生きるのもまた充実した人生を生きるコツかもしれません。

9 「色即是空、空即是色」の真髄

色《しき》即《そく》是《ぜ》空《くう》
空《くう》即《そく》是《ぜ》色《しき》

「空」の思想の偉大さ

色即是空、空即是色という言葉は、「般若心経」の教えの要で、仏教の空の思想を象徴する有名な一文です。

色は、肉体、形あるもの、欲望の対象となるものなど、さまざまな意味があることは前に記しました。

即是は、これすなわちという接続詞で、つまり、言い換えると、という意味ですから、等しいことです。空は、何もとらえるべきものがないことを意味します。

空即是色も、色即是空の裏返しで、繰り返し一切の存在は空であることを強調しているのです。

つまり、色即是空、空即是色とは、形あるものは空であり、空が形あるものとなっている、という教えです。

仏教の中心思想に縁起《えんぎ》観があります。縁起とは因縁生起《いんねんしょうき》の略で、あらゆるものは因（原因）と縁（条件）によって生じる（結果）という考え方です。ですから、あらゆるものは、さまざまな原因や条件が絡み合って構成されていて、それ自体で存在することはありえません。

これまで、こうだと思っていたことが、実はそうではなかったと気づけば、固定観念や先入観が排除され、執着や煩悩、迷いが取り除かれていきます。そこから新しいものの見方、考え方が生まれ、自由な境地、自由な生き方ができるようになり、さらに、さまざまな縁によって生かされ、支えられている自己の存在に気づかされてくるのです。これが〝空〟の思想の偉大さです。

◯熟年世代の色欲について

さて、色には色欲（愛欲）の意味もあります。熟年になりますと、色欲はあっても役に立たない（空）、つまり、色即是空といえます。また、役に立たなくても思いは消えない（空即是色）という現実もあります。この節では、熟年世代の性について説いてまいります。

性欲につきましては個人差があり、若くても意欲のない人もいれば、老いてますます盛んな人もいます。ですが一般的には、体力の衰えとともに、性的機能も衰えてきます。だからといって、性的欲求がなくなるわけではありません。性欲は大脳中枢がつかさどっていて、年齢を問わず誰もが持っていることが医学的に実証されています。

熟年になり、たとえ性的機能が衰えても、性的欲求は死ぬまであるのです。若い人から見ますと、老人には性的欲求はないのだろうと思い、老人も自らの性的欲求を語ることは、恥と思ったり、はしたないと考えて隠してしまったりするところに誤解を生じるのです。

熟年になれば、身体の機能低下や反応の鈍化が生じますが、それは当然の現象であると認識し、配偶者とのスキンシップなどの愛情表現で思いを満足させれば、欲求不満は解消できます。

また、テレビに出てくるスターに恋をする（心に思う）のも欲求の発散になります。恋をすることは自分自身に活力をもたらせてくれます。

江戸時代の禅僧、至道無難《しどうむなん》（一六〇三－七六）の言葉に次のものがあります。

「ある人、男女の交わりを忌む。予いわく、仏道にあらず。男女は交わるものなり」

つまり、人は表向きには性交を忌み嫌うけれども、私が思うのに、それは自然の道理に反する。男女は交わるようにできている、というのです。まさに至言です。

明治時代以降は、仏門にあるものも妻帯が許されましたが、それまでは妻帯すれば堕落とみなされ仏門から追放されました。そうした厳しさのなかで、僧侶は修行をしたのです。

性的機能は使わなければ、機能が退化してどうとも思わなくなります。ですから昔の僧侶は、異性を遠ざけたのです。無難禅師の言葉です。

「僧侶は、女に近寄るべからず。いかに身誤らずとも、心に移るなり。女に近づくは、必ず畜生の稽古なり。私が女を忌むは、畜生の心残る故なり」

つまり、出家者は女性に近づいてはいけない。たとえ交わらずとも関心が移る。したがって女性に近づくと妄想ばかり起こって、修行がおろそかになる。私が女性に距離を置くのは、私が未熟だからだ、というのです。まさに自らを律する人の言葉です。

◎愛欲には「九つの相」がある

それでは、仏門で悟り得た人の異性に対する思いとはどのようなものでしょうか。

無難禅師が次のように説かれています。

「師の愚堂《ぐどう》和尚は、湯に入られたとき、女に前も後ろも残らず洗ってもらったが、女に交わっても何の心も起こされなかった。このような人が、人の師となりてよく候《そうろう》」

つまり、悟り得た人は、男女というとらわれを超越しているといえましょう。これこそが色即是空です。男・女という性別にとらわれ、惑わされている間は、凡夫なのです。男女の性を超越し、どのような人にも人として接することができる人こそ、人の師になる資格を持つということです。

凡夫の愛欲は、配偶者同士であれば奨励できますが、配偶者以外との愛欲は問題を生じ禍根を残します。

釈尊は、愛欲には次の九つの相があるとして、戒めておられます。

①借金の利子の如し。利息に利息がついていくように、とらわれから離れられない。

②羅刹《らせつ》（食人鬼）の如し。一人では物足りず、次々相手を求めさまよう。

③花に隠れた毒蛇の如し。愛欲の花に魅せられ地位も名誉もなくしてしまう。

④腐敗した食事をするが如し。愛欲に身を沈めると、精力も魂も消耗してしまう。

⑤遊女の如し。手練手管にもてあそばれ、お金や財産を奪われ、捨てられる。

⑥藤づるの如し。藤づるが大木を枯渇させるように、自己の善根《ぜんこん》を死滅させる。

⑦傷口の如し。愛欲も手当ての仕方を間違うと、とんでもない方向に発展する。

⑧暴風の如し。父母や兄弟、親子に限らず、家庭そのものを破壊してしまう。

⑨飢饉の如し。愛欲の深みに落ちると、生死を流転するさまざまな苦しみを受ける。
愛欲ではなく、他の人を思いやる大きな愛（色即是空）に生きたいものです。

大切な教え

色即是空　空即是色

熟年になっても色欲（愛欲）はなくならない――それが自然の道理です。

しかし、あまり男女の愛欲にとらわれるのではなく、どのような人にも人として、思いやる大きな愛をもって接することができるように生きたいものです。

10 欲を離れれば心は豊かになる

受想行識《じゅそうぎょうしき》
亦復如是《やくぶにょぜ》

◎「増やす」よりも「維持する」ことが大事

受想行識は、感受し、想念（思いを巡らせる）し、行念（分別《ふんべつ》する）し、認識する、心の働きを指します。

亦復如是は、またまた是のごとし、ということで、是とは、空《くう》を指しています。前に五《ご》蘊《うん》は、色受想行識《しきじゅそうぎょうしき》の五つが寄り集まって構成された身体と心であると説きました。先に色即是《しきそくぜ》空《くう》と、色つまり身体は空であると示しましたので、続いて、受想行識すなわち心も空であると示されているのです。

つまり、「受想行識　亦復如是」とは、感受することも、思い巡らせることも、分別することも、認識することも、また同様に空である、という教えです。

今、熟年世代の方々が、詐欺被害にあい、財産を失うという事件が多発しています。熟年世代は富裕層が多く、よき時代を働いてこられ貯蓄もあり、住居などの資産もあり、退職金など老後にそなえた資金もあります。それらの資産を狙う人は、言葉巧みに資産をさらに増やしませんかと、さまざまな儲け話を持ちかけてきます。

上場すれば必ず上がるという未公開株、先で必ず値上がりする不動産、特別枠の破格利息の投資話などです。

つい欲を出して、このような情報を感受し（受）、「このチャンスを逃してはならない」と思いを巡らせ（想）、投資に対するリターンの大きさなどにあれこれ分別を働かせ（行）、「絶対に儲かる」と認識して（識）大金を払います。

しかし、しばらくは高配当が受けられていても、やがて相手から音信はなくなり、連絡も取れず、詐欺だと気づいたときには、投資した大金はすべて失い、〝空〟に帰するというわけです。つまり、受想行識もまた空なのです。

熟年になれば、儲けたい、増やしたいというような、欲を離れることが肝要です。増やすことよりも、どう安全に維持するかを考えることです。金利は安くても銀行の定期預金や国債などが安心です。うまい話はそれだけリスクがつきものです。

◎目先の欲にとらわれた悲劇

仏典に次の話があります。

ある山持ちの長者がいました。長者は、山の木が成長するとその木を伐《き》り出し、大金を得ていました。

ある日、一本の木が大きくなったので、その木を伐りに行くことにしました。しかし、職人を雇うと労賃を払わねばならないので、一本だけなら自分で伐ろうと、従僕を連れ、牛車に乗って山に出かけました。

山に入り、大木を伐っていると、車をひいてきた牛がいなくなりました。長者はあわてて従僕に荷車の番をさせ、牛を探しに行きましたが見つからず、元の場所に戻ってくると、今度は従僕が持ち逃げしたのか、荷車もなくなっていました。長者は荷車を探しましたが見つからず、大きな池のところにやってきました。

池には、たくさんの水鳥が浮かんで羽を休めていました。長者は思いました。「牛も失い、荷車も失い、材木も伐って帰れなければ、せっかく来た意味がない。そうだ、せめて水鳥でも捕らえて帰れば、ムダにはなるまい」

長者は、木を伐るのに用いていた斧を、池の中の水鳥めがけて投げつけました。しかし、斧は水鳥に当たらず、水中に沈んでしまいました。水鳥たちは、斧が水中に落ちた水音に驚いて空中に飛び去っていきました。

長者は、今度は斧まで失い、さらにあわてて斧だけでも拾おうと、着物を脱いで池に飛び込みました。しかし、池は深く、薄暗く淀んでいましたので、斧を見つけることはできませんでした。

長者は寒くなり、池から上がって着物を着ようとしましたが、今度は着物が見当たりません。

ついに長者は、すべてを失い丸裸になってしまいました。

長者は、バカバカしいやら情けないやら、泣きそうな思いで山を下り、ようやく家にたどりついたころには、すっかり日が暮れていました。

裸の姿を家の者に見られるとバツが悪いので、ソッと裏口にまわり、窓の外から家の中の様子をのぞいていると、家の者が暗がりの中の怪しい人影に気づいて大声をあげました。

「泥棒だ、泥棒だ」

家の者や従僕たちは、手に棍棒を持ち、暗がりめがけて押し寄せ、裸の怪しい男を殴りつけました。

男が息も絶え絶えになったころ、家の者が灯りを持ってきて照らしてみると、それは主人であることが分かりましたが、あとの祭りであったということです。

目先の欲にとらわれた結末といえましょう。

◎「足る」を知ること

「菜根譚《さいこんたん》」に次の教えがあります。

〝物を必要以上に得たいと思う人は、黄金を分けてもらっても、玉《ぎょく》をもらえなかったことに恨みを抱く。しかし、自分の身のほどを知り、その場その場で満足する人は、粗末な汁物を吸っていてもうまいと思い、粗末な着物を着ていても暖かいと思っている。このような地位もなく貧しい庶民であっても、心は王侯にも劣らないものである〟

もっともっとと欲をつのらせるのではなく、現状のままで足るを知る、心豊かな生き方ができたとき、受想行識も空といえるのです。

資産の安全な管理に財産三分法があります。預金と株式と不動産に分散して、リスクに備えるという方法です。

デフレのときは、利息は安くても預金は目減りしません。しかし、インフレになると預金は目減りします。

株式は、株価の変動が少なく安定性があり高配当のものが、資産管理に人気がありましたが、原発事故で無配当となる電力株のように絶対はありません。

不動産は、売りたいとき売れないとか、賃貸物件でも入居者がないなどのリスクがありますから、一つのものに集中せず、バランスよく分散投資して老後の生活資金とし、死ぬときに余るなら家族に残してやればよいのです。

大切な教え

受想行識　亦復如是

もっともっとと欲をつのらせるのではなく、現状のままで足るを知る。それが心を豊かにする生き方です。

11 難局を乗り越える智恵

是諸法空相《ぜしょほうくうそう》

◎「本当の幸せ」を見つめ直すとき

是諸法空相の是は、このように、の意で、これは五蘊皆空《ごうんかいくう》(心と身体は空である)を指しています。諸は、すべての、一切のものの意です。法は、真理、真実のありようを意味します。空相は、実相は空である、という意味です。

つまり、是諸法空相とは、このように、この世の一切のものの真実の姿は空である、という教えです。

わが国は、一九九一年にバブル経済が崩壊し、日本経済は長期の停滞に陥り、二〇一一年に世界第二位の経済大国の座を失いました。また、時を同じくして東日本大震災が起こり、多くの被害が生じました。さらに、原子力発電所の津波被災による放射能漏れなどが重なり、いまだに多くの人々が出口の見えない不安と混迷のなかにあります。

そこで、今まで求めてきた経済的豊かさの追求という、幸せの価値観は間違っていたのではないかという反省から、本当の幸せとは何かを見つめ直し、価値観の転換をはかろうという機運が高まっています。

まさに、失って知る〝諸法空相〟の世界です。

◎「ひとすくいの水」でわかるその人の心の豊かさ

仏典に次の話があります。

ある国に、仏教に帰依《きえ》した行いの正しい商人がいました。ある日、彼が航海に出たとき、暴風が吹いて海が荒れ、船が木の葉のように揺れました。商人が船上に立ち海を見つめておりますと、海神が恐ろしい夜叉《やしゃ》に姿を変えて現れ、大音声でいいました。

「商人よ、わしのように恐ろしい者に会ったことはあるまい」

「いや、おまえより数倍恐ろしい者を見たことがある」

「それは何者か」

「悪を行い、罪を犯すことだ。そうすれば悪業の報いを受け、この世で苦しみを受けるだけでなく、死んで地獄に落ち、責め苦を受けることになる。そのほうがよほど恐ろしい」


するると、夜叉が姿を消し、次に、骨と皮ばかりのやせ衰えた老人が現れていいました。


「商人よ、わしのようにやせ衰えた者を見たことがあるか」

「おまえより何倍もやせ衰えた者を知っている」

「それは何者か」

「それは、ケチと嫉妬の罪にある者だ。自分の欲ばかり追求し、他の人に施《ほどこ》すのを厭《いと》う者や、他人の栄華に、ねたみ、そねみ、やっかみの心を生じる者は、必ず餓鬼《がき》界に落ち、何千年もの間、食べ物も飲み物も与えられない。そのほうがよほどやせ衰えているよ」

　すると、やせた老人が姿を消し、凛々《りり》しい若者が現れていいました。

「私のように立派な若者を見たことがあるか」

「おまえより何十倍も立派な若者がいる。それは、仏、法、僧の三宝を敬い、戒めを保ち、多くの善行を行う人だ。このような人は天界に生じ、美しさといえば、この世で比べられるものがない。おまえなどとは月とスッポンの違いだ」

　若者が姿を消すと、海神が正体を現し、海水をひとすくいしていいました。

「この、ひとすくいの水と、大海の水とどちらが多いか」

「ひとすくいの水のほうが、大海の水よりも多い。なぜなら、いかに大海の水が多くとも、物質的なものは世界が滅びれば、すべて無に帰してしまう。しかし、ひとすくいの水は、仏にでも、道行く人にでも、動植物にでも供養したならば、たとえこの世界が滅びても、その功徳《くどく》は永遠に消えないからだ」

　これを聞いた海神は、商人の豊かな智恵と仏教への信仰心に感心し、これからの航海の安全を約束したということです。

清らかな心と賢明な智恵をそなえれば、よく難局を乗り越え、幸せに生きることができるという教えです。

◎「今あるもの」を大切にする

人生の目的は、究極は幸せに生きることですが、幸せの価値観は実にさまざまです。今までのように、金銭や物質の追求という経済的豊かさに幸せを求めると、一瞬にして失い悲嘆にくれたり、他者と比較して一喜一憂したりすることになります。

それよりちょっと智恵の目を転じると、ささやかな日常のなかに、幸せがあることに気づかされます。

仕事があり、食べることができ、家族が仲よく暮らせることが、何よりの幸せですし、また、健康で、食事がおいしいことも喜びです。

あるいは、ささやかな目標を持ち、コツコツ努力して達成していくなかにも、人生の楽しさがあります。

以前、新聞のコラムに、アメリカのプリンストン大学が行った、年収と幸福の関係を統計的に分析した調査結果が出ていて、興味深く読みました。それによりますと、収入が上がるにつれて生活の満足度は上昇するものの、幸せな気分は、年収約七〇〇万円前後で頭打ちになるというものです。

収入が一定以上に増えれば、幸せな気分が増えないというのは、心がわがままになるからでしょうか。ならば、年金収入での生活が、幸せの極致なのかもしれません。

また、幸福度の物差しに次のものがあります。

〝幸福度＝持っているもの÷望んでいるもの〟

つまり、一〇〇〇万円の貯金を持っていて、二〇〇〇万円のマンションが欲しいと思えば、〇・五（半分）の幸せしか得られません。しかし、一〇〇万円の貯金しかなくても、夫婦で一万円の記念日ディナーで満足であれば、一〇〇倍の幸せが得られるということです。

ですから、自分は不幸だと思うときは、望んでいることが大きすぎると考えてみればよいのです。幸せに生きるコツは、今、持っているものの価値を大切にするなかにあります。たとえば、孫の笑顔が見られれば幸せ、妻の料理がおいしくて有り難いという、足るを知る諸法空相にあるといえましょう。

大切な教え

幸せの価値観

幸せの価値観は実にさまざまですが、幸せに生きるコツは、あれこれと望むのではなく、今、持っているものの価値をあらためて大切に思い、幸せに気づくことではないでしょうか。

12 身軽に自由に生きること

不生《ふしょう》不滅《ふめつ》
不垢《ふく》不浄《ふじょう》
不増《ふぞう》不減《ふげん》

◎やすらかに生きるための「六不の教え」

不生不滅は、生じることもなく、なくなることもない、という意味です。不垢不浄は、汚れていることもなく、清らかであることもない、ということ。不増不滅は、増えることもなく、減ることもない、ということです。

合わせて、不生不滅、不垢不浄、不増不滅と、不という文字が六つありますから、これを六不《ろっぷ》の教えといいます。

六不は、不安を空《くう》じ、やすらかに生きる方法が示されています。不安を生じる要因は六つあり、それが生、滅、垢、浄、増、滅です。

まず、生じようとする思いです。わが国は物質的に豊かな社会で、さまざまな物を買い求めてきました。家にはあふれるくらい物がありますが、やはり季節の移り変わりとともに、流行の服を買っておしゃれを楽しみたいと思い、また、新しいパソコンに買い替えたいと思って、つい買い込んでしまいます。これが生じるということです。しかし、買ってみたものの、体型に合わなかったり、新しいソフトが使いこなせなかったりするなど、生じることには不安がつきものです。

次に、滅とは、得た物がなくなったらどうしようという不安です。盗難にあったり、壊れたりして、物の価値がなくなってしまう不安です。

垢とは、得た物に対する欠陥や短所、選択ミスなどです。せっかく気に入って買った服なのに、隣の人と同じ色だった。またテレビが見られるパソコンを買ったのに、地上デジタルだけで、ＢＳが見られないなど、欠点や選択ミスの不安です。

浄とは、得た物の長所や利点です。長所や利点なら喜びこそすれ、不安要因ではないのではないかと思われるかもしれません。しかし、友人や隣人など、他の人の物より突出したデザインや機能、ブランド、価格などがそなわった物であれば、他の人から、ねたみ、そねみ、やっかみを受けるという不安があります。

増とは、得た物にこだわり、さらに増やしたいという思いです。コレクションなどは、その最たるものです。

減とは、得た物が減ったらどうしようという思いです。所有物には、愛着や執着があり、それらを失うことに不安を覚えるものです。

このように、六つの要因によって不安がかき立てられるのは、自分さえよければという自我によるのです。ですから、不安を空じるには、自分という思いをなくすこと、つまり、無我になることです。

無我になれば、生じようと、滅しようと、あればあるように、なければないままに、そのことにとらわれず自由な生き方ができるからです。

また、垢浄、つまり、劣っていようと、優れていようと、そのままに物を生かして使いこなしていけます。そして、増えようと、減ろうと、現状をそのままに受け止め、あるがままを生きていけばよいのです。

そこで、生滅垢浄増減への思いをなくし、不安を空じて身軽に生きるために、これらに〝不〟という文字をつけ、不生不滅、不垢不浄、不増不滅と、示されているのです。

◎四人の修行僧の欲望

「法句譬喩経《ほっくひゆきょう》」に次の話があります。

ある日、四人の新入りの修行僧が修行を怠けて雑談していました。一人の僧がいいました。

「この世で一番楽しいこととはどんなことだろうか。私は、気候のさわやかな日に、野山を散策することだが」

二人目の僧がいいました。

「私は、親しい者同士が集まって、酒を酌み交わして談笑することだ」

三人目の僧がいいました。

「私は、お金がたくさんあって欲しいものを何でも買うことができ、上等の服を着て馬車に乗り、他の人から羨望の目で見られることだ」

四人目の僧がいいました。

「私は、美しい女性をはべらせ、酒を飲み、ご馳走を食べ、香《かぐわ》しい部屋の中で快楽にふけることだ」

四人の僧たちが、それぞれの欲望を語り合っているところへ、釈尊が通りかかっていわれました。

「おまえたちは、修行もしないで何を話していたのか」

修行僧たちは、釈尊に隠し立てすることができず、今、話し合っていたことをつぶさに申し上げました。それを聞いて、釈尊がいわれました。

「おまえたちの思う楽しみは、決して楽しみではない。むしろ、憂いと恐れの道である。親しい者同士が集い合うといっても、必ず別れの悲しみがくるものだ。また、お金がたくさんあれば、金を奪い合い災いのもとになるものだ。そして、異性との快楽は、やがて憎しみとののしり合いを生むものである。世人が好む楽しみは、どれも、恨みと災いと憎しみを生じ、身を滅ぼし、憂いを招きよせるものばかりである。仏門に入るということは、世人の楽しみは苦であるとして求めず、修行して心の平安を求めることを楽しみとしなければならない」

四人の修行僧は、釈尊の教えを聞いて反省し、自らの浅はかな考えを恥じて、以後は思いを新たにして修行に励んだといいます。

◎とらわれない心の持ち方

楽しい思いは、必ず、生、浄、増へつながっていきます。そして、楽しいなかにあると、滅、垢、減の不安が生じてきます。だからといって、楽しいことに近づかないというのではありません。無くするのではなく〝不〟つまり、とらわれないで、生滅、垢浄、増減を、そのままに楽しんで生きることです。

天気のいい日に散策できればそれでよし。雨天で外出できなければ読書をする。親しい友人が来れば談笑し、来なければ庭いじりをする。金があれば世のため人のために使い、金がなければ足るを知る生き方に徹する。快楽にふける体力があればそれもよし。体力がなければ膝を抱えて眠る。
というように、あるがままを自在に生きていく智恵が六不なのです。

大切な教え

六不とは

楽しい思いには必ず生、滅、垢、浄、増、減の不安がつきまとうもの。その不安をあるがままに自在に、楽しんで生きていくというのが六不の教えです。

13 苦しい仕事を面白くするヒント

是故空中《ぜこくうちゅう》
無色無受想行識《むしきむじゅそうぎょうしき》

◎「今やるべきこと」にひたすら打ち込む

是故は、これゆえに、という意味で、これは前に述べました〝六不《ろっぷ》〟を指しています。

空中は、空の世界では、という意味です。

無色は、色（肉体）もない意で、無受想行識は、受（感受すること）も、想（想念）も、行（分別）も、識（認識すること）もない、という意味です。

つまり、この一節を意訳しますと、〝ゆえに、空が構成する実相の世界では、肉体もなく、感受し、想念し、分別し、認識する心の働きもない〟となります。

禅の言葉に「無《む》一物中無尽蔵《いちもつちゅうむじんぞう》、有月有花有楼台《うげつうかうろうだい》」とあります。無一物とは、物一つないことで、空を指しています。つまり、本来空であるけれども、空の世界は尽きることなくあらゆるものを内蔵している。空《そら》には月が輝き、地上には花が咲き乱れ、また、これらを愛《め》でるために高殿にのぼる。そのような自然のありようが、そのまま空の世界である、という教えです。

本来は有無を超越した空の世界ですが、この世の現実はあらゆるものが存在しています。ですから、それらに対する思いを離れれば、空（無）に帰すことができるというわけです。

私の住持する寺は、山寺で自然林に覆われています。木々の緑は輝き、空気も澄んでいますが、常に掃除に追われます。草刈り、草引き、樹木の剪定《せんてい》、落ち葉掃きなど、年を重ねるにつれ重労働となります。

手や腕、腰、足が疲れ、やがて痛みを覚えるようになり、汗が流れ、蚊や虻《あぶ》、時には蜂に刺されたりして、楽ではありません。

このとき、「なぜ、このような仕事をしなければならないのか」と不満を抱き、愚痴をこぼしてイヤイヤやっていると、能率は上がらずストレスがたまって心が落ち込んできます。

ところが、仏門では掃除などの労働を〝作務《さむ》〟といって、自らの修行であると受け止めます。自らの煩悩を滅却する修行ですから、辛く苦しいのは当たり前と考えれば、苦労が苦労でなく、黙々と掃除に打ち込むことができるのです。

掃除が終わり、汗をぬぐいながら、石の上に腰を下ろし、一杯の茶を飲むとき、林の中を風が駆け抜けます。その風がまるで自分の体を抜けていくようで爽快です。まさにこのようなときが、肉体も心もない空のさわやかさといえましょう。

◎「まだ働ける、ありがたい」

熟年世代の方々のなかには、山林や菜園、庭園の手入れをしなければならなかったり、あるいは豪雪地帯で屋根の雪下ろしをしなければならなかったりする人もいます。

多くは、ご子弟が都会に出るなどして、それらの作業を自らやらなければならなくなりますが、いずれも老いた身にはこたえます。

このときも同じです。辛い苦しいと思うと心はやすらぎません。仏門のように修行と受け止めることはいりませんが、「まだ働ける、ありがたい」「運動不足が解消できていい」と前向きにとらえて取り組んでいけば、苦労も報われ、心が満たされてくるものです。

年を経てからの仕事の取り組みは、一度にすべてこなすのではなく、自分に無理のない範囲で少しずつ処理していくことです。

百丈《ひゃくじょう》和尚（中国唐代の禅僧）は、老齢になっても作務をやめられませんでした。弟子たちが心配して、おやめいただきたいと願っても、自ら率先して行われました。

あるとき、係の者が和尚の道具を隠しました。道具がなければ作務を休まれるだろうと思ったからです。和尚はその日、作務を休まれましたが、食事をとられませんでした。

係の者が心配して、食事をされない理由を尋ねますと、和尚がいいました。

「一日作《な》さざれば、一日食《く》らわず」

作務という修行をしなければ、食べるに値しないというのが仏門の掟《おきて》です。

◎「無心」に行えば、幸せに満たされる

世間ではこれほどの厳しさはありませんが、苦しい仕事を楽しく行うヒントとして、仏典に次の話があります。

舎利弗《しゃりほつ》が釈尊に質問をしました。

「般若波羅蜜多《はんにゃはらみた》（智恵の完成）を修する菩薩は、いかなるものを学んでいるのでしょうか」

「菩薩はいかなるものも学ばない。なぜなら、あらゆるものごとは、一般の人が執着しているような形では存在していないからである。真理は、存在しないというありようで存在し、自体として存在していない。このような真理のありようを知らないことを無明《むみょう》という。

世間の人々は存在しないすべてのものを実在すると思って執着し妄想する。そして、ものごとは常住であるとか、無常であるというように、二つの極端な見解にとらわれ、ものごとの本質を知らず、見ようともしない。人々は、ありのままの道を知らず、見ないから、迷いの世界から離れることができず、真理を悟らない。したがって、彼らを凡夫というのである。菩薩は、すべてのものに執着しないということを学ぶのである」

「どうして菩薩は、行《ぎょう》じがたい修行を行い、人々のために多くの苦しみに耐えるのでしょうか」

「自ら苦行と思いながら行じるような者は菩薩ではない。苦しみだと思えば、無数の人々のために行じることはできない。むしろ、楽しいという思いを生じなければ人々のために行じることはできない。

そして菩薩は、すべての人々を捨ててはならない。すべての人々を無量の苦しみから解き放たねばならない。そのためには、自分は百回切り刻まれようとも、それらの人々に悪心を抱いてはならない。そういう強い思いを心に生じることである。そうすれば、行いがたいという思いはなくなるものである。

さらに菩薩は、どのようなときにも決して自我（自らへの思い）を存在させず、認識することもない、という心を生じることである」

あらゆることに、自己の思いを空じ（無色無受想行識）、無心に行えば、そのまま幸せに満たされている（是故空中）ということです。

大切な教え

是故空中　無色無受想行識

たいへんな労働は、「苦しい」「辛い」と思うと心もやすらぎません。「運動不足の解消になる」などと前向きにとらえることができれば、無心に行うことができ、苦労も報われ、心も満たされるのではないでしょうか。

第三章

ぶれない「心の軸」の置き方

その迷いはどこから来ているのか

14 他人のために役立つ生き方

無《む》眼《げん》耳《に》鼻《び》舌《ぜつ》身《しん》意《に》
無《む》色《しき》声《しょう》香《こう》味《み》触《そく》法《ほう》

◯迷いのもと――六根（主観）と六境（客観）

無眼耳鼻舌身意は、眼と耳と鼻と舌と身（身体）と意（心）という、あらゆる状況を感受する大本である〝六根〟（主観）を、無にするという意味です。

無色声香味触法は、色（形）と声と香りと味と触覚と法（心の作用）という、六根がとらえる対象である〝六境〟（客観）を、無にすることです。

私たちが生じる迷いや妄想は、六根だけでは何も生じませんが、六境という感受する対象をとらえることによって生じるのです。そこで、六根と六境が相互に交渉し、迷いと妄想を深めていく場所という意味で、合わせて〝十二処《しょ》〟といいます。

迷いや妄想を生じないためには、十二処にとらわれないことですから、〃無〃を付して説かれているのです。

眼で色をとらえることを視覚、耳で声をとらえるのを聴覚、鼻で香りをかぐことを嗅覚、舌で味をとらえるのを味覚、身体で接触して、暑い、寒い、かゆい、心地よいなどをとらえるのが触覚で、これらを五感といいます。

◎五感を空じて幸せを得た、ある男の話

五感を空《くう》じて幸せを得た、一人の男の比喩があります（伝聞を改作）。

彼は、妻を病気で亡くし、男手ひとつで一人娘を育てていました。娘が十二歳のとき、身体の不調を訴えたので、彼は娘を病院に連れていき、検査と診察を受け、とりあえず医師から薬を処方されて帰りました。

数日して、病院から父親だけ来るようにとの電話があり、急いで出かけました。すると医師から次のように宣告されました。

「娘さんは、検査の結果、まだ治療方法も薬も開発されていない病気のため、お気の毒ですが、あと一年くらいしか生きられません」

彼は、わが耳を疑い、驚き、悲嘆にくれました。たった一人しかいない最愛の娘の命が、あと一年しかない。なんとかしてやりたい。そのときふと、この町はずれに昔から五感観音さまがおられ、なんでも願いを叶えてくださるという話を聞いたことを思い出しました。

彼は早速、五感観音霊場を訪れ、住職である祈禱師に、すべてを話し相談をしました。住職がいいました。

「五感観音さまは、あなたの五感のうち一つを差し出して供養すれば、娘さんの命を五年延ばしてくださいます。いかがされますか。そのかわり、あなたは一つの感覚を失うことになります」

彼は考えました。娘の命を延ばしてもらえるなら、せめてこれから十年生かせてやりたい。そうすれば青春時代を楽しめるだろう。しかし、そのためには、自分の二つの感覚を失うことになる。では五感のうち、どの感覚を失うのであれば、生きていくのに支障が少ないかを考え、味覚と嗅覚を選びました。味覚は、食事が味気なくても、我慢して食べればよいし、嗅覚は、風邪をひいたときに鼻がつまって匂いがかげなくても、どうということはなかったからです。

そして、彼は二つの感覚を供養し、娘の寿命を十年延ばしてもらうように、住職にお願いしました。

五感観音さまの霊験はあらたかで、医師も驚くくらい、娘は元気に成長しました。

娘が二十一歳になったある日、彼にいいました。

「お父さん、私、好きな人ができたの、今度、家に連れてきて紹介するから会ってね」

彼は、了解しましたが、戸惑いました。なぜなら、娘の命は二十二歳まで、あと一年だったからです。

数日後、娘が恋人を連れてきました。会ってみるとすばらしい青年でしたので、即座に結婚を認め、早く式を挙げて幸せになるよう祝福しました。

娘が所帯を持ったあと、彼が娘にいいました。

「おまえのことは、これでひと安心だから、お父さんは念願の世界旅行に出かけようと思う。長く連絡が途絶えるけれども、私のことは心配しないで、自分たちの幸せを考えて生きていきなさい」

彼は再び、五感観音霊場に行き、住職にお願いしました。

「おかげさまで娘は二十二歳になり、結婚することができました。つきましては、私の三つの感覚のうちあと二つ、視覚と聴覚を供養いたします。どうか娘の命を、もう十年延ばしてやってください。五感のうち四つを失えば、一人で生きていくことはできませんので、私財を寄付し、福祉施設で面倒を見てもらえるよう手続きをいたしました。どうぞよろしくお願いいたします」

その後、彼は施設に入り、施設の職員の方々の助けを得てひっそりと暮らしました。

思うことといえば、娘の幸せだけです。四つの感覚を亡くした、不自由で、苦痛な生活も、娘を思うことで救われました。

◎「触覚」という最後の感覚で知った最大の喜び

それから五年の歳月が過ぎたある日、職員の人が、彼に来客を伝えました。

誰だろうと思って身を乗り出すと、彼の手を、やさしく柔らかい手が包み込みました。娘の手でした。そして、彼の掌に指で文字を書きました。

「お父さん、今までありがとう。お父さんの感覚を供養して、私の命を延ばしてくださっていたことを今まで知りませんでした。でも、もう大丈夫です。やっと新しい治療法と薬が完成しました」

そして、彼の手の上に、娘の涙が落ちてくるのが感じられました。そのとき彼は思いました。最後に、触覚という一つの感覚を残しておいてよかったと。

そのとき、彼の掌に、今度は小さなもみじのような可愛い手が触れました。

「あっ、これは孫の手なのだ。孫が生まれたんだ。娘の命を延ばしておいてよかった」

彼にとって最大の感動でした。
自らの五感を空じて、他の人のために役立って生きるなかに、大いなるやすらぎが得られたといえましょう。まさに、無眼耳鼻舌身意、無色声香味触法の世界です。

大切な教え

無眼耳鼻舌身意　無色声香味触法

六根（眼耳鼻舌身意）
六境（色声香味触法）
これにとらわれない生き方ができれば、迷いや妄想も避けられます。

15　自分が変われば相手も変わる

無眼界乃至《むげんかいないし》
無意識界《むいしきかい》

◎私たちの煩悩をかき立てるもの

無眼界の眼界は、眼識界の略で、眼で見て認識することです。したがって、無眼界とは眼で見て認識することもない、となります。

乃至は、～から～まで、と途中を省略したことを示しています。

無意識界は、心で感じて認識することもない、という意味です。

ですから、この一節を意訳しますと、眼で見て認識することから、心で感じて認識することまで何もない、となります。

さて、省略してある部分は、無耳識界、無鼻識界、無舌識界、無身識界の四つで、先に記されている、無眼識界、無意識界と合わせて〝六識界《ろくしきかい》〟といいます。

前節で説きました、感受する元である六根が感受される対象である六境をとらえ、ここで示した六識が、あれこれ思いを巡らせて妄想邪念をかき立てていきます。これらを合わせて〝十八界〟といい、迷いを生じる世界を意味しています。

五蘊《ごうん》と十二処、そして、十八界を合わせて〝蘊処界《うんじょかい》〟といい、煩悩をかき立てる世界を表しています。

般若心経では、これらのすべてに〝無〟を付し、迷いを空じて心やすらかに生きることを説かれているのです。

「自分はこんなに尽くしているのに……」

さて、主観（六根）と客観（六境）と認識（六識）の十八界を無にして、さわやかに生きるには、どうすればいいでしょうか。

江戸時代に、近世町人の日常体験を基礎にし、神、儒、仏の三教思想を取り入れ、人間の本性を探求しようとする、人生哲学であり倫理的自覚の学問として〝心学〟が誕生し、各地で説教が行われました。

その講説者の一人、柴田鳩翁《きゅうおう》の「人のあるべき道」という話があります。

ある町に一軒の呉服屋がありました。その呉服屋は老夫婦が経営していましたが子供がなく、後継ぎがいませんでした。ですから、老夫婦に万一のことがあり、町に一軒しかない呉服屋が閉鎖されでもすれば、隣町まで着物を買いに行かねばならず、町の住人たちが心配していました。

ある人が、老夫婦に養子を取るよう説得し、養子になりそうな青年を世話して、店で働かせました。

ところが、養子候補の青年が長続きせず、ひと月くらいで辞めてしまったのです。そこでまた、新たな青年を連れてきましたが、やはりひと月くらいで辞めてしまいました。

それからも、何人かの青年が、養子として連れてこられましたが続きませんでした。

それは、老夫婦が頑固で気難しい人だったからです。

世話をした人が困って、なんとか長続きする養子はいないかと探しておりますと、隣町にすばらしい青年がいるということを耳にしました。

その人は早速、隣町に行き、その青年に呉服屋の養子になってほしいと、話を持ちかけました。青年は次男坊でしたので、養子に行っても差し支えはなかったのですが、隣町の呉服屋は養子が続かないという噂を聞いていましたから、自分が行ってもうまくいかないと思い、きっぱり断りました。

しかし、世話人は、その青年の人柄に惚れ込み、断られても日参して熱心に頼みました。

青年は、世話人の熱意に根負けし、頼みを受けて呉服屋に養子に入りました。

他の人がひと月くらいしか続かないところ、青年は一年も頑張って勤めました。しかし、彼は思いました。

「僕は一生懸命に尽くしているのに、義父母は相変わらず頑固で気難しく、心を開いてくださらない。これでは僕もいつか辞めることになるだろう。どうせ辞めるなら早いほうがよい。そろそろ辞めようか」

◎自我を削って相手に合わせること

そうしたある日、呉服屋の障子がガタついてきて、障子を入れ替えるために、建具職人がやってきました。その職人が作業をしている様子を、青年はじっと見ていました。

障子を入れ替えるには、古い障子をはずして、新しい障子を入れます。しかし、障子は場所によって、すり減り具合や、歪み、反りなどによって、全部寸法が異なります。ですから、新しい障子は、少し大きめにつくってあって、入れる場所に合わせて削って入れていくのです。

鴨居に合わせて上を削り、柱に合わせて横を削り、敷居に合わせて下を削り、障子の一つひとつを、ピタッと収めていきます。

青年は、その様子を見ていてハッと悟りました。

「障子は他所《よそ》から持ってきたものである。その障子を、この家に合わせて削り、建具として一体になる。僕は他所からきた者である。なのに、僕は自分を変えずに、義父母のほうが変わることを期待していた。これは間違いであった。もし、障子を削らずに、家の柱を削り、鴨居を削ったならば、この家は倒れてしまう。義父母はそのままでいいのだ。僕を削って義父母に合わせていけば、心が一つになれるはずだ」

それからというもの、青年は変わりました。自分のことは思わず、義父母のため、家のため、店のために一心に働きました。

老夫婦も賢い人でしたので、養子の気性や謙虚さ、働きに感動し、心を開きました。今までの頑固さや気難しさもなくなり、養子の青年と心を一つにしてなごやかに暮らしたといいます。

その後、養子に嫁をもらい、呉服屋の後を継がせ、その呉服屋は、代々栄えたことはいうまでもありません。

このように、自分が、自分さえよければ、という思いである〝自我〟を削って相手に合わせ、他の人のために一心に生きるとき、無眼界乃至無意識界という世界に到達できるのです。

諺《ことわざ》に〝幸せは、与え合うなかにある。不幸は、奪い合うなかにある〟とあります。まさに、自我を無にすれば、与える幸せが得られますが、自我を生じると、奪い合いという不幸が訪れるものです。

大切な教え

無眼界乃至無意識界

般若心経では、煩悩をかき立てる十八界を無にして心安らかに生きることを説いています。自我を捨て他人のために生きることが、結果として自分の幸せにもつながっていくのです。

16 自分の愚かな考えに対処する方法

無《む》無《む》明《みょう》
亦《やく》無《む》無《む》明《みょう》尽《じん》
乃《ない》至《し》無《む》老《ろう》死《し》
亦《やく》無《む》老《ろう》死《し》尽《じん》

◎十二因縁とは？

無明は、無知、愚かな思いの意で、亦は、また、という接続詞です。尽は、尽きること、なくなることです。

乃至は、～から～まで、と途中を省略したことを示す接続詞です。

老死は、老い死ぬことと共に、悩み苦しむ意もあります。

さて、乃至で省略してある部分は、行《ぎょう》（行為）、識《しき》（ものごとを形成する）、名色《みょうしき》（成長する）、六処《ろくしょ》（付随物が備わる）、触《そく》（外部と接触する）、受《じゅ》（反応を感受する）、愛《あい》（愛着する）、取《しゆ》（執着する）、有《う》（取り込む）、生《しよう》（迷う）の十語で、前後に記されている、無明、老死と合わせて、〝十二因縁〟といいます。

経文《きようもん》を訳しますと、愚かさもなく、また、愚かさの尽きることもないことから、苦しみもなく、苦しみの尽きることもない、となります。

そこで、省略されている部分を補い、十二因縁の教えにもとづいて記しますと、次のようになります。

まず〝無無明乃至無老死〟の部分です。

愚かな思いをなくせば、愚かな行為をなさず、ものごとを形成することもなく、成長することもなく、付属物がそなわらず、外部と接触せず、感受せず、愛着せず、執着せず、取り込まず、迷いもなく、悩み苦しむこともない、となります。

このように順次否定していきますと、苦の原因は因果に対する無知にあるという道理を会得することができ、正しい生き方に目覚めることができます。この方法を〝還《げん》滅《めつ》〟といい、この観想法で悟った人を、縁覚《えんがく》とか独覚《どつかく》といいます。

◎尽きることのない迷い、悩み、苦しみ

しかし、人間は悟ると悩み苦しみがなくなるのでしょうか。また、凡人には悟ることなど容易ではありませんが、なるほどと頭の中で道理を理解することはできます。しかし、理解したとしても現実はどうなのでしょうか。そのことを「般若心経」は次のように示しています。

つまり、〝無無明尽乃至無老死尽〟の部分です。

愚かな思いが尽きることもなく、愚かな行いも尽きることがなく、ものごとを形成することも尽きることがなく、それらが成長することも尽きることがなく、付属物がそなわることも尽きることがなく、外部との接触が尽きることもなく、愛着し、執着し取り込むことも尽きることがなく、迷うことも、悩み苦しむことまで尽きることがない、となります。

要は、悟ってみても、道理を理解しても、生きている限り、迷い、悩み、苦しみは尽きることはないのが現実です。

「般若心経」の空《くう》の理論は、単なる否定の論理ではなく、否定と肯定を駆使して、人の執着や愚かさ、迷いを断ち、現状のなかで無執着の実現を説き示しているのです。

若い人たちは、スマートフォンやパソコンを自在に操り、情報交換や情報収集をはかっています。それらの機器も日々進化し高度化していきますが、それに対応して自由に使いこなしているのを見るとうらやましく思います。

ところが、熟年世代にとって、スマホやパソコンなどの機器は苦手で、使用するのも億劫《おっくう》になりがちです。

しかし、街頭で家族に連絡しようにも、最近は公衆電話も少なくなり、困り果ててしまいます。そのようなとき、スマホがあればすぐに電話できますし、道に不安なときは地図検索もできて便利です。

また、パソコンがあれば、難しい語句や新しい情報、病院やお店、ホテル、交通手段の検索まで、実に簡単に行え、便利で不可欠な時代になりました。

そこで、販売店に行ってスマホを買い、使い方を教えてもらって基本技能を習得し、あとはマニュアルで勉強して、ようやく使いこなせるようになります。

また、パソコンはもう少し複雑で高度になりますから、パソコン教室に行って基本的な操作を履修し、使っていくうちに慣れてきて、インターネットや情報検索、さらには、ワードやエクセルを使った、文章や図表作成へと腕を上げていきます。

これが〝無無明乃至無老死〟つまり、自分はスマホやパソコンが苦手だという愚かな思いをなくして、ひたすら取り組んでいけば、なんとか操作できるようになり、機器が苦手だという、苦しみや迷いもなくなるということです。

◎慢心を恐れよ

ところが、スマートフォンやパソコンを自在に使いこなしていけるようになると、面白くなり、ネットサーフィンをしているうちに、つい新たな分野に手を伸ばして、フィッシング詐欺に引っかかったり、アダルトサイトに接続して、法外な接続料を請求されたりして、驚愕する羽目に陥るのです。

これが〝無無明尽乃至無老死尽〟つまり、スマホやパソコンの操作をマスターし、要領を会得して慣れてくると、今度は〝オレはできる〟とばかり慢心し、うぬぼれが生じます。そこに落とし穴が待っているのです。ポカをやったり、うまくいかないことが生じてきたり、ミスを犯したりするのです。それが、愚かさも尽きることがなく、苦しみ悩みも尽きることがない、ということなのです。

自ら愚かな思いを生じてもたらした結末は、授業料と思って対処し、二度と巻き込まれないための糧とするか、不当な場合は消費者センターなどに相談して対処することです。

もっとも基本的な安全対策は、強力なセキュリティ対策を行うことです。人間は思わずとも、つい愚かな思いを生じます。もし愚かな思いを生じても接続できないように、スマホなら、セキュリティを強化し、アクセスを制限する対策を施します。パソコンなら、ウイルスソフトを導入して、いかがわしいネットに接続できなくすることです。また、迷惑メールを排除するように設定すれば安心です。

便利さの裏には必ずリスクがあります。リスクを知った上で自在に活用することを、この節で説いているのです。

大切な教え

無無明　亦無無明尽
乃至無老死　亦無老死尽

道理をわかったつもりでいても、生きている限り、迷い、悩み、苦しみは尽きません。

愚かな思いが生じても困らないように、常日ごろから対策を考えておきましょう。

17　「実践」することに意味がある

無苦集滅道《むくしゅうめつどう》

○単なる理論や知識に意味はない

無苦集滅道の苦集滅道を〝四諦《したい》〟といい、四つの真理の教えという意味です。それぞれ、苦諦《くたい》、集諦《じったい》、滅諦《めったい》、道諦《どうたい》という四つの段階から成ります。

この教えは、釈尊が悟りを開かれ、最初に人々に説かれた教えであるところから〝初転法輪《しょてんぼうりん》〟といいます。

苦諦（苦）とは、人生は思うようにならないという絶対的な道理をいいます。単に肉体的、精神的苦痛だけでなく、楽も失えば苦を生じますから〝一切皆苦《いっさいかいく》〟といいます。

人生が苦となる要因は、次の八つです。

①生《しょう》……人は生まれたときから、先のことがどうなるかわからない。
②老《ろう》……生ある者は必ず老いる。
③病《びょう》……生ある者は病むことから逃れられない。
④死《し》……命ある者は必ず死ぬ。
⑤愛別離苦《あいべつりく》……愛する者とは必ず別離の時が来る。
⑥怨憎会苦《おんぞうえく》……怨み憎しみ合う者からは容易に逃れられない。
⑦求不得苦《ぐふとっく》……求めるものは得られない。
⑧五蘊盛苦《ごうんじょうく》……身心は常に苦の因を宿している。

以上の最初の四苦と、あとの四苦を合わせて〝四苦八苦〟といいます。

集諦（集）は、苦を生じるのは、欲と愚かさという煩悩が寄り集まることによるという道理です。

滅諦（滅）は、苦しみから離れるには、煩悩を滅却することであるという道理です。

道諦（道）は、煩悩を滅却するには、八つの正しい道〝八正道《はっしょうどう》〟を、日常生活のなかで実践することであるという道理です。

八正道とは次の八つです。

①正見《しょうけん》……正しくものごとを見すえる。
②正思《しょうし》……正しくものごとを考える。
③正語《しょうご》……正直に話す。
④正業《しょうごう》……正しい行いをする。
⑤正命《しょうみょう》……規則正しい生活をする。
⑥正精進《しょうしょうじん》……正しい努力をする。
⑦正念《しょうねん》……正しい継続をする。

⑧正定《しょうじょう》……心を安定させる。

苦しみから離れるには、この八つの実践的道理を、日常生活のなかで継続して行うことです。

釈尊が説かれた、四諦という仏教の根本教理をも、「般若心経」では〝無〟を付して空《くう》じています。

これはどういうことでしょうか。

それは、仏教の教えは実践することに意味があり、単なる理論や知識では意味がないからです。

最初は、教えに学び、理解し、究めていかねばなりませんが、教えを理解したら、あとはひたすら実践して身につけていくのです。

そうすれば、ことさら教えを思わなくても自然に行えて、教えが自分のものになっているものです。まさにそのときが〝無苦集滅道〟であるのです。

○すばらしい「実践の力」

唐代の禅匠・玄沙《げんしゃ》和尚の寺に、韋《い》将軍が訪れました。和尚は、将軍に茶菓を出してもてなしました。挨拶のあと、将軍が尋ねました。

「日に用いて知らず、とはどういうことでしょうか」

「まあ、茶菓子をおあがりなさい」

将軍は、和尚にすすめられるままに、茶を飲み、菓子を食べました。そして再び先の問いを繰り返しました。和尚が答えていいました。

「今、あなたが茶を飲み、菓子を食べたとき、どのような理屈で、飲み、食べたのですか。おそらく無心で飲み、食べたに違いありません。それが、日に用いて知らずということです」

湯のみを持って茶を飲み、箸を持って飯を食べること、手で物を持って動かし、足で歩き走ること、朝起きたら顔を洗い、夜になったら布団を敷いて寝ることなどの日常動作は、理屈や教えによらなくても、無心にできます。

しかし、幼いころには自分ではできず、親から教えられたり、叱られたりしながら習得し身につけてきたのです。そして自分のものになれば、無心にできるようになります。これが実践の力です。

時に、電車に乗って出かけたとき、満員で吊り革を持って立っていると、二十代の若者がスッと席を立ち、座席を譲ってくれて感激したことがあります。

この青年は、年寄りに席を譲ることが、子供のころから親に教えられて身につき、誰にいわれなくても自然にできるのだろうと思います。

また、エレベーターに乗ったとき、行き先の階数を尋ねてくれてボタンを押してくれたり、降りるときには、ドアが閉まらないようにドアを押さえてくれたりする人もいます。

これらは、その人に身についたマナーの心です。

◎思いやりのある社会づくりに貢献を

最近は、倫理観やマナーの欠けた社会といわれますが、それらを身につける前に、誰も教えてくれる人がいないのではないかと思います。

われわれ熟年世代は、子供のころは倫理観や社会人としてのマナーが広く徹底し、教えられ、身につけていたはずなのですが、倫理よりも経済という時代の変化のなかで見失い、教育したり、導いたりすることが億劫《おっくう》になっているような気がします。

江戸時代には、〝七・三の道〟（歩道は、自分が三分、他の人に七分を譲る）や〝傘かしげ〟（傘を差して行き違うときは、相手に雫《しずく》がかからないように反対側に傾ける）などの、思いやりの伝統や風習が伝えられていました。

これらのよき習慣やマナーを思い起こし、自ら実践するとともに、若い人たちにも伝え、思いやりと優しさのあふれる社会づくりをしていくことが大切だと思います。

わが国は、経済が落ち込み、社会も、政治も混乱し、明日が見えない混迷のなかにあります。

これからは経済でトップになるのではなく、日本のすばらしい文化や道徳をベースにした、思いやりと優しさの慈愛立国を目指していくべきではないでしょうか。
これこそが、無苦集滅道の世界です。

大切な教え

無苦集滅道

よいことを自然に実践できるようにするとともに、そうした行いを若い人にも伝え、導いていくことが無苦集滅道の教えです。

18　なぜ、心が曇ってしまうのか？

無《む》智《ち》亦《やく》無《む》得《とく》

たとえば、「物忘れ」なんて気にしない

無智亦無得の智は、原語のサンスクリット語でジャナンといい、道理に目覚める意で、智恵（ハラジャー）とは少し内容が異なります。

亦は、またという接続詞で、得は、道理を会得するという意味です。

経文《きょうもん》を訳しますと、道理に目覚めることもなく、また、道理を会得することもない、となります。

熟年になりますと、よくど忘れをするようになります。テレビを見ていて、よく知

っているはずの俳優さんが出てきても、その人の名前が出てこないなどということがしばしばあります。

日常の生活でも、あれをしておかねばと思っていても、しばらくするとすっかり忘れていたり、物を取りに別の部屋に行き、その部屋に入ると、何をしに来たのかも思い出せなかったりなどということが増えてきます。

だからといって、あまり気にすることはありません。今日まで六十年以上、さまざまなことを見聞し、学び、体験して、脳の中いっぱいに記憶が詰め込まれています。それ以上に記憶を吸収するスペースがないので、物忘れして新たな記憶のスペースを空けているのだと思えばよいのです。

坐禅をするときの呼吸法が、腹式丹田《たんでん》呼吸です。胡坐《あぐら》をかいて姿勢を正して坐ります。身体が整ったら、呼吸を整えます。臍《へそ》から下の下腹部を丹田といいます。丹田を突き出すようにして息を吸い込み、丹田を凹ませながら、鼻から静かに細く長く息を吐き出します。

吸気を一とすれば、呼気は八くらいの比率で行います。息を吐くことだけに集中するのですが、息を吐ききれば、思わなくても自然に息は入っているものです。

息は吐けば、吸おうと思わなくても自然に入り、記憶を失えば、次の記憶が自然に入っているものです。学問でも、財物でも、物事はすべて、得ようと思わずとも、自然に備わるというのが、無智亦無得の道理です。

◎心を空っぽにすれば愉快に過ごせる

明治時代の禅僧、渡辺南隠《なんいん》和尚の寺に、ある高名な哲学者が訪れました。自らの高度な理論で和尚を論破してやろうとの思いからでした。

挨拶を済ませ、学者が早速「仏法とは何か」と問いかけました。和尚が「まあ、お茶でもおあがり」といって、学者の湯のみに茶を注ぎました。茶が湯のみいっぱいになってもまだ注ぎ続けます。茶があふれて、座卓の上から畳にまでこぼれました。

学者があわてて「和尚、お茶があふれていますよ」といいますと、和尚が茶を注ぐのをやめていいました。

「これが、あなたの姿だ。哲学だ科学だと頭の中いっぱいに理屈を詰め込んでいるから、わしのいうことなど聞く耳を持つまい」

学者は返す言葉もなく、礼をいって帰ったといいます。

本当の智恵に目覚めたら、智恵という意識すらないのが、般若の智恵です。

湯のみの価値は、作者や形ではなく、空っぽなところにあるといわれます。空であれば、いくらでも入れられますが、いっぱいであれば、注ぎようがありません。

子供が好奇心旺盛なのは、空っぽの心だからでしょう。熟年になっても、今までの知識やキャリアを忘れ、心を空っぽにすれば、また新たなる好奇心が湧いてきて、愉快な老後が過ごせるはずです。

山は高いといって誇らず、花は美しいといって驕《おご》らず、太陽は四海を照らし続け万物を育成しますが、恩を着せることもありません。それは、天地自然は真実の智恵に目覚めていますが、智恵という意識がないからです。それが本当の智恵ある姿です。

◎さあ、「先入観」を捨てよう

中国唐代の禅僧、仰山慧寂《きょうざんえじゃく》が、最初に性空《しょうくう》和尚のもとで修行していたとき、和尚から「禅とは何か」と問われました。

仰山は分からず、和尚に答えを求めますと、和尚がいいました。

「人が、千尺もある深い井戸の中に落ちた。縄なくしてこの人を出すことができたら答えを教えよう」

仰山は一心に考えましたが分かりませんでした。次に、耽源《たんげん》和尚のもとで修行していたとき、和尚に「千尺の井戸の中の人を、どうしたら出すことができるでしょうか」と尋ねました。和尚がいいました。「馬鹿者、誰が井戸の中におるのか」

仰山は、それでも分からず、次に、潙山《いさん》和尚のもとで修行していたとき、和尚に「どうしたら、井戸の中の人を出せるでしょうか」と尋ねました。

和尚が「慧寂よ」と仰山の名を呼びました。仰山が「はい」と返事をすると、和尚がいいました。「そこに、ちゃんと出ているではないか」

その言葉に、仰山は、ハッと会得できたのです。千尺もの深い井戸の中に人がいるという先入観にとらわれ、そう思い込んでいたにすぎなかったのです。はじめから井戸の中になど誰もいなかったのです。

仰山は、後日、「私は耽源和尚のところで体（主体）を得、潙山和尚のところで用《ゆう》（作用）を得た」と述懐しています。

「般若心経」に説かれた、智恵の完成に向かって進んでいくには、一切のとらわれやはからいを捨てる必要があります。本当の智恵というものは、生じたのでもなく、つくられたのでもなく、他から得るのでもなく、学んで習得するものでもなく、誰もが生まれたときからちゃんとそなわっているものだからです。

しかし、誰もが自らにそなわっている本当の智恵に気づかないのは、煩悩やとらわれによって心が曇っているからです。だから、真剣に修行していけば、次第に身心が浄化され、心が清められて真実の智恵に巡り合うことができるのです。

本当の智恵が成就すれば、智恵の完成を追求しているとも思わず、追求しないとも思わない〝無智亦無得〟の境地に至るのです。

大悟して、悟りだけになれば、悟りすらなく、迷って迷いだけになれば、迷いすらないのです。真実の世界は、悟りばかりか、迷いばかりの世界です。

大切な教え

無智亦無得

真実の智恵とは習得するものではなく、誰もが生まれたときからそなえているものです。

先入観や煩悩を捨て、心を清らかにすることで、その智恵に気づくことができるのです。

19　富や権力に縛られない幸せ

以無所得故《いむしょとくこ》
菩提薩埵《ぼだいさつた》

人物評価――世間は掛け算、仏教では割り算

以無所得故を読み下し文にしますと、所得無きを以《もっ》ての故に、となります。所得は、得ることの意です。

通して訳しますと、何も得ることはないから、となり、次の菩提薩埵の修飾語になります。

菩提薩埵は、サンスクリット語のボウディサットバを漢字で音写した語で、菩提は悟りを、薩埵は有情《うじょう》、つまり情けある人を意味しています。菩提薩埵を略して〝菩薩〟といいます。

菩薩は、悟りを得、情けある徳をそなえた人を意味します。そして自らは何も得ることを求めず、他の人々の幸せを願い、人々を苦厄から救うために尽力されている慈悲に満ちた存在で、大乗《だいじょう》仏教の理想像といえましょう。

世間の人物評価と、仏教の人物評価はどう違うのでしょうか。

世間での評価は、掛け算で評価します。自己を1とし、富や権力を持っていない人は0、やや持っている人を1、多く持っている人を10、というようにして掛け算します。

すると、富や権力を持たない人は1×0＝0で、評価は0です。少し持っている人は1×1＝1という評価になります。多く持っている人は1×10＝10で、評価が高くなり、すごい人だといわれます。

ところが、仏教での評価は、割り算で評価します。自己を1とし、富や権力を少し持っている人を0・1、ほとんど持っていない人を0・01、まったく持っていない無所得の人を0として割り算します。

すると、少し持っている人は1÷0・1＝10、ほとんど持っていない人は1÷0・01＝100、まったく持っていない人は1÷0＝∞、つまり無所得の人は無限大になります。

世の中にこれほど大きいことはありませんから、無所得を以ての故に菩薩は最大の評価になるのです。

菩薩は、目に見える富や権力は何も持ちません。ですから、富や権力、そして自己への執着を離れて、心が自由で何ものにも縛られることがなく、常に世の人々の幸せのみを願い、日々実践されているのです。

誰を恨むことなく死んでいきたい

「六度集経《ろくどじっきょう》」に、次の話があります。

昔、ある国の森に鹿の一群がすんでいました。その国の王は猟が好きで、よくその森に来て鹿を捕らえて帰りました。

猟があると必ず、多くの鹿が矢を射られたり、追われて崖から転落したり、岩に突き当たったりして、死んだり傷ついたりしました。

鹿の王は、この様子を嘆いて、ある日、国王の宮殿に行きました。臣下の者が驚いて捕らえようとしましたが、鹿王の威厳ある姿に圧倒されて、誰も手出しできませんでした。

鹿王は、国王の前に進むと、額《ぬか》ずいていいました。

「私どもは命を惜しむのではありませんが、王さまが猟に来られますと、たくさん死傷する鹿が出て哀れでなりません。

もし食事の用に鹿の肉が必要でございましたら、私どものほうから毎日ご入用な数だけ食膳に供したく存じます。なにとぞ狩猟を中止してくださいますようお願いいたします」

国王は、鹿王のいうことをもっともと思い、鹿王にいいました。

「おまえたちの多くが、猟によって被害を受けていたとは知らなかった。宮中で必要な鹿の肉は、一日に一頭でよいのだ。もし、この量を供してくれるなら、これから鹿の猟を中止しよう」

鹿王は喜んで森に帰り、鹿たちを集めてこのことを伝えました。

そして、宮中の食膳に供するために鹿の順番を定め、毎日一頭ずつ順番に王宮へ出向きました。

鹿王は、王宮に行く鹿が毎日一頭、別れの挨拶に来るたびに、別れを惜しんでいいました。

「生ある者は必ず死ぬ。自ら死ぬことによって、多くの仲間や子孫が生き永らえることができる。誰を恨むことなく、仏を念じていきなさい」

と。

◎奪い合う社会から施し合う社会へ

そうしたある日、一頭の雌鹿が鹿王の前に額ずいていいました。

「王さま、私は自分の命が惜しいのではありませんが、今、私の身体には子供が宿っています。この子が生まれるまで、順番を他の鹿と代わってもらうことはできないでしょうか」

鹿王は、この母鹿を哀れに思い、次の順番の鹿を呼んでいいました。

「今日は、この母鹿が王宮に出向く番であるが、まもなく子供が生まれる。それまで猶予してやりたい。そこでおまえが順番を一日繰り上げて、行ってはくれまいか」

するとその鹿がいいました。

「王さま。私も死を覚悟しておりますが、私には今日一日だけ生きる楽しみが残されています。その一日を奪われることは、最大の悲しみでございます」

鹿王は、この鹿のいうことももっともと思い、二頭の鹿を帰したあと、誰にも気づかれないように森を抜け出し、自ら王宮に行きました。

王宮の臣下たちは、鹿王がやってきたので、驚いて国王のところへ連れていきました。

鹿王は、自ら食膳にのぼるためにやってきたことと、その事情を語りました。国王は、これを聞いて涙を流していいました。

「鹿王の身でありながら、自らを犠牲にして他の者を救うとは、まさに大慈悲の行いである。わしは国王として生まれながら、殺生をし、自らを肥やすことばかり考えていた。私が愚かであった。今後は、鹿の肉を食すことも、鹿の猟をすることも一切禁ずることにしよう」

鹿王は、許されて森に帰ることができました。すぐさま国王は〝鹿を殺すことを禁ず〟という布告を出したということです。

古代インドの舎衛国《しゃえいこく》・波斯匿王《はしのくおう》の娘、勝鬘夫人《しょうまんぶにん》の誓願の一つに〝自分のために財物を蓄えず、受けたものは貧しい人々に与えて幸せにしてあげます〟というのがあります。

今までの時代は、富を奪い合い、富を誇り合う社会でしたが、それが崩壊しつつあります。

これからの時代は、施《ほどこ》し合い、支え合うという、菩薩の慈悲行を実践していく社会づくりが大切だと思います。

大切な教え

以無所得故　菩提薩埵

富や権力などに固執し、奪い合う世の中よりも富や権力に縛られない生き方を目指しましょう。

第四章

自分の「捨て方」を知っておこう

「空」の境地にたどりつくために

20 煩悩に立ち向かう智恵

依般若波羅蜜多故《えはんにゃはらみたこ》
心無罣礙《しんむけいげ》

心の「障り」はここから生まれる

依般若波羅蜜多故の依は、～による、の意で、般若波羅蜜多は、真実に目覚める智恵。故は、ゆえに、という意味です。

心無罣礙の無は、～がない、の意です。罣礙は、罣が、引っかかること、礙は、妨げることで、合わせて、障《さわ》りがあることを意味します、障りとは、煩悩障《ぼんのうしょう》をいい、悟りの智恵を妨げる迷いのことで、我執（自己へのとらわれ）によって生じます。

訳しますと、真実に目覚める智恵によるがゆえに、心に障りがない、となります。

世界で最も安全といわれ、住みやすいわが国でしたが、最近は、震災や水害、交通事故や殺人事件、盗難などの犯罪が多発する不安な社会になってきました。危機に遭遇したときにどう対処し、心の不安を取り除き、平安な人生後半を過ごしていくかということが、真実に目覚める、般若の智恵にかかっているのです。

◎ここでハッとひらめくかどうか

「大荘厳論経《だいしょうごんろんきょう》」に、ヒントとなる話があります。

昔、ある国の王が、世界一高い石塔を建立しようと思い、優れた石匠を探し出し、建立を命じました。

石匠は、何年もの歳月をかけて世界一の高さを誇る、立派な石塔を完成させました。落成の日に、石匠が石塔の最上部に登って点検をして、いざ下りようとしますと、いつの間にか足場がすべて取り除かれていて、地上に下りることができなくなりました。

それは、王が、この石匠を生かしておくと他の国からの依頼で、この石塔よりも高い塔を造るのではないかと疑い、臣下に命じて、足場も縄も梯子《はしご》もすべて取り除かせてしまったからです。

石匠は困りましたが、どうすることもできません。仕方なく塔の天辺《てっぺん》の屋根の上に寝そべっていました。その日の夜のことです。心配した石匠の家族が捜しに来ました。大声で石匠の名を呼ぶと、石塔の上から声が聞こえました。

「おれは、塔の上に置き去りにされたのだ」

おかみさんがいいました。

「おまえさん、なんとかして下りる方法はないのかい」

石匠は、そのときハッとひらめいていいました。

「家に帰って、細い縄を巻いた束と、太い縄を巻いた束を持ってきてくれ」

家族の者が縄を取りに帰っている間に、石匠は、自分が着ていた衣服を脱ぎ、細く裂いてつなぎ合わせて紐《ひも》をつくりました。

塔の下に、家族が縄を持ってやってきたので、石匠が、自らつくった紐の先を地上に下ろしていいました。

「この紐の先に、まず細い縄の先を結びつけてくれ」

石匠は、紐を手繰り上げ、細い縄の先をつかむと、家族の者にいいました。

「今度は、この細い縄の端に、太い縄の先を縛りつけてくれ」

石匠は、細い縄を手繰り上げ、結ばれた太い縄の先をつかむと、太い縄を塔の先端の芯棒にしっかり結びつけました。

そして、石匠は太い縄を伝って、無事に地上に下りることができたのです。

仏教の教えに帰依《きえ》していた石匠は、そこで次の偈《げ》（詩文）を詠みました。

「信じる心は布の紐、教えを聞き戒めを守るのが細き縄、心のやすらぎと智恵こそ太い縄、これらによって生死の塔を下りる」

いざというときの的確な判断と決断力、こうした智恵を備えておれば、心に恐れも不安も空《くう》じていけるのです。このことが〝依般若波羅蜜多故、心無罣礙〟のあり方です。

◯煩悩の中でも、最大の害悪とは？

釈尊が、修行を完成され、菩提樹の下の金剛石の上で七日間の坐禅をされたとき、さまざまな悪魔が出てきて悟りを妨害したことが経典に記されています。この悪魔が煩悩障です。釈尊は、これらの煩悩障に打ち勝ち、八日目の朝、暁の明星をご覧になり、ついに悟りを開かれました。

煩悩には、貪《とん》（貪欲）、瞋《じん》（瞋恚《しんに》・怒りや心の高ぶり）、痴《ち》（愚痴）、慢《まん》（慢心）、疑《ぎ》（疑念）、見《けん》（邪見）という六つの根元を基本として一〇八あるとされています。

これらの煩悩を取り除くといっても、生存本能ですから、容易ではありません。生きていく上で、お金や財産、人間関係や仕事などへの執着や葛藤を取り除き、捨て去ろうとしても、どうにもならない面があります。しかし、そうして究明していきますと、次第に欲と愚かさにまみれた自己が見えてきます。

そこにはじめて、自己の内にある煩悩の奥深さに気づき、内省して、迷いのなかから無心に生きる智恵が目覚めてくるのです。

煩悩があっても煩悩にとらわれず、無心に生きるとき、煩悩障がなくなるのです。これを〝煩悩即菩提、煩悩即涅槃《ねはん》〟といいます。つまり、迷いがあるから目覚めがあり、迷いがあるからやすらぎが得られるということです。

「菜根譚《さいこんたん》」に次の話があります。

〝利益を求める欲望の心は、かならずしも人の本心を害するとは限らない。だが、自己の偏見に凝り固まった意見は、人の本心を害する毒虫のように恐ろしい。名声や色欲を求める心は、かならずしも道を求める障害になるとは限らない。だが、知ったかぶりをする独善の聡明さは、道を求めるのを妨げる大きな支障となる〟

煩悩のなかでも、最大の害悪は、自己の偏見に固執した見解と、知識のみの独善の聡明さといえましょう。これらは、自己の殻をつくり、自己の成長を妨げるとともに、周囲の人々にも害を及ぼすからです。

悟るなどといえば、何かたいそうなことのように思いますが、実はそうではありません。なぜなら、犬や猫も、牛も馬も、木や草花もみな、自然界のものは、真実のありようをそのままに生きています。これが悟りのありようです。悟れないのは、自我にとらわれる人間だけかもしれません。

大切な教え

依般若波羅蜜多故　心無罣礙

煩悩を取り除くのは容易ではありませんが、煩悩の奥深さに気づき、内省することで、迷いのなかから無心に生きる智恵が目覚めていきます。

こうした智恵を備えていれば、心の恐れも不安も空じていくことができるのです。

21　最大の恐れ、死について

無罣礙故《むけいげこ》
無有恐怖《むうくふ》

○人間の身体はよくできている

無罣礙故の無罣礙は、前節でご説明しましたとおり、心に障《さわ》りがないという意で、故は、～のゆえにという接続詞です。

無有恐怖の無有は、あることなしということで、つまり〝ない〟こと。恐怖は、恐れる意です。

訳しますと、心に障りがないので、恐れることがない、となります。

人間は生きている限り、さまざまな恐れにとらわれます。病気や事故にあう恐れ、老化で身体の機能が衰える恐れなどは、熟年になりますと必須のものです。ですが、なかでも最大の恐れは、死ではないでしょうか。人間には、生存本能がありますから、本能を妨げる死に抵抗があるのです。それに、死はいつ訪れるか分からないので余計に不安です。

しかし、よくしたもので、年を経ていくにつれ、次第に死に対する恐怖が薄くなるそうですから、人間の身体はよくできています。

◎心に障りがなければ恐れなし

さて、さまざまな恐怖を克服するヒントとなる話が、仏典に説かれています。

ある山中に、修行に専念している一人の僧がいました。その山中に悪鬼が住んでいて、この僧の修行を妨害してやろうと思い、頭のない人間に姿を変えて、僧の前に現れました。

これを見た僧は、驚くどころか平然としていいました。

「おまえは頭がないとはうらやましいことである。なぜなら、目で形を見、耳で声を聴き、鼻で香りを嗅ぎ、口で味を知ることもなく、頭であれこれ思いわずらうこともないからだ。悩みの心配がないことは実に幸せなことだ」

当てがはずれた悪鬼が姿を消すと、今度は身体がなく、手と足だけの姿で、僧の前に現れました。僧はそれを見ていいました。

「これもまたうらやましいことだ。身体がなければ、暑い寒いも感じることなく、衣服にとらわれることもない。また、痛いかゆい、心地よい悪いなども知ることがない。そのうえ五臓六腑《ろっぷ》（内臓）がないから、病気になることもない。実に結構なことである」

悪鬼は姿を消すと、今度は手足のない姿で、僧の前に現れました。すると僧がいいました。

「手足がなければ、他人の財物を盗りに行くことがない。悪いことが行えないことは、何よりすぐれたことである」

そこで悪鬼は、自らの姿を現していいました。

「貴僧が、ひたすら仏の教えを守り、なにものにも動じることなく修行に専念しておられる姿に、感嘆するほかはありません」

そして、僧に礼拝し、立ち去りました。

またあるとき、別の山中で、一人の僧が熱心に修行していました。悪鬼が、この僧の求道心を試みてやろうと思い、日が暮れるのを待っていました。やがて暗くなってきたころ、悪鬼が恐ろしい形相で僧の前に現れていいました。

「おまえを食い殺すぞ」

僧は、少しも驚かず、平然としていいました。

「おまえとは距離が遠く離れているから大丈夫だ」

悪鬼が不思議そうにいいました。

「わしは、おまえの目の前にいるのに、どうして遠く離れているというのだ」

「よく考えてみなさい。おまえが私を食ったら、おまえは直ちに罪を受けて地獄に落ちる。だが、私は罪を犯すことなく死んだのだから天界に生まれる。そうすれば、天界と地獄であるから、ずいぶん距離が離れているではないか」

悪鬼は大変恐れ入って、僧に非礼を詫びて立ち去ったといいます。

つまり、常に心正しく、心に障りがなければ、一切の雑念や現象に惑わされず、恐れをなくして正々堂々と生きていけるという教えです。まさに、無罣礙故、無有恐怖の生き方です。

◎まるで温泉にでも行く気軽さで旅立つ

さて、死の恐怖を克服する考え方ですが、仏教の浄土往生思想に、〝一蓮托生《いちれんたくしょう》〟があります。人間は死んだあとに、極楽浄土の蓮の花のうてなの上に、強く思い合う人と共に生まれ逢うという教えです。

人間は一人で生まれてきて、一人で死んでゆくのが定めです。長年連れ添った夫婦でも、心を支え合った子供や、肉親、仲のいい友人でも、一緒には死ねません。ですが、ここに一蓮托生の救いがあります。

年老いて死んでいくときでも、病気で亡くなるときでも、死んでいくほうは「先に極楽浄土に行って、蓮の花のうてなに席を取っておくから、そのうちやってきなさい。

そこでまた、一緒に暮らそう」といって、笑い合って気楽に旅立てばよいのです。

また、見送るほうも「行ってらっしゃい。私もそのうち参りますから、私の席を取って待っていてください」といって送り出してあげれば、まさに、温泉旅行にでも行く気軽さで旅立てるのではないでしょうか。

このように考えれば、死ぬことの悲しみや、別れの辛さはなくなります。

よく、悪事を働いて「オレが捕まれば、おまえも一蓮托生だ」などと、悪い意味で使われることが増えてきましたが、これは一蓮（一つの蓮の花のうてな）と、一連（ひとつらなり）と、読みが同じですから混同され誤用されたもので、意味はまったく異なります。


以前、ある講演会で〝一蓮托生〟の話をしましたら、受講者の方から次の質問を受けました。

「私には、妻と愛人がおり、愛人と共にあの世で暮らしたいのですが、どうすればよいでしょうか」

まあ、奥さんと、愛人と、あの世で一緒に暮らせば、極楽ではなく地獄になりますから、どちらか片方とでなければなりません。また、夫婦でも、憎しみ合っていれば、共に来世を暮らしたくないという人もいるでしょう。あるいは、先立った子供さんと一緒に過ごしたい方もおられるでしょう。

要は、当人の心の問題ですから、「心に思い合う人と共に生まれ逢うのですよ」と答えておきました。

大切な教え

無罣礙故　無有恐怖

常に正しい行いを心がけていれば、死の恐れや雑念、現象に惑わされることなく、正々堂々と生きていくことができます。

22 夢の持ち方で大きく変わる幸福感

遠離《おんり》一切《いつさい》
顛倒《てんどう》夢想《むそう》

○常・楽・我・浄から離れなさい

遠離一切顛倒夢想を、読み下し文にしますと、一切の顛倒夢想を遠離して、となります。

遠離は、遠くへやる、離す、という意で、一切は、すべて、の意です。顛倒夢想の顛倒は、真理からはずれた見方、夢想は、現実ではない思い、つまり、顛倒夢想は、愚かな思いや迷い、すなわち煩悩を指します。

経文《きょうもん》を通して訳しますと、すべての迷いを離れて、となります。

さて、顚倒夢想とは、具体的にどのような思いをいうのかといいますと、常《じょう》、楽《らく》、我《が》、浄《じょう》です。

常とは、常住の意で、現在ある財産や仕事や地位、家族、友人、環境、状況などが、永遠にあると思うことです。

楽とは、快楽を夢見、人生が思いどおりになるという錯覚です。

我とは、自我、つまり自己中心的にものごとに執着する心です。

浄とは、自分は優れた存在であり、賢明であると思うことです。

これらの思いを〝四顚倒《してんどう》〟といいます。

これは、日常生活のなかで当たり前のように思っていますが、実は夢幻ですから、顚倒夢想というのです。

では、真実のありようとはなんでしょうか。それは、無常であり、苦であり、無我であり、不浄なのです。

無常とは、あらゆるものは変転し、片時も同じ状態にとどまることはないということです。

苦とは、人生は思うようにならないということです。

無我とは、実際にはとらわれる自己すら存在しないということです。

不浄とは、清らかとか、賢いとか、尊いなど、本来差別すべきものは何もない、ということです。

これらの真実を見すえ、実体のない夢幻の現実から離れなさいと説かれているのです。

◎若者の夢と熟年の夢の違いとは？

山の中に隠遁し、雑念を離れて生活するのならいいでしょうが、煩悩を抱え現実社会で生きていくには、楽しい思いなどの空想をふくらませたり、夢を見たりすることも必要ではないでしょうか。

出家者でも、悟りたいという欲を持ち、夢を見るからこそ修行に励むことができるのです。

若い人なら、成功したい、金持ちになりたい、恋をしたいという夢を持ち、欲をつのらせ、向上心を持つことによって努力し、夢が叶うのです。そこに生きがい、やりがいが生まれてきます。

女子サッカーのなでしこジャパンの主将を務め、今は引退した澤穂希《さわほまれ》さんの座右の銘に〝夢は見るものではなく、叶えるもの〟とあるそうですが、若い人は夢（目標）を持ち、努力してそれを叶えるところに喜びがあります。実に、若者の欲は頼もしいものです。

ところが、熟年になりますと、夢を見ても叶えるところまでいきません。むしろ叶えようなどと思わず、夢を楽しむ心がけが大切のように思います。

◯夢は叶えるものではなく見るもの

中国の古典「列子《れっし》」に次の話があります。

周《しゅう》の国に、尹《いん》という金持ちがいました。

彼はもっと財産を増やしたいとばかり、毎日、使用人をこき使って、金儲けにあくせくしていました。

使用人の男は、朝から晩までこき使われてくたくたになり、夜、自分の小屋に帰ると、ベッドに倒れ込んで眠りにつきます。

ところが、使用人は寝ると必ず毎日、王様になった夢を見るのです。豪勢な宮殿に住み、多くの臣下を従え、豪華な食事をし、国政を統《す》べるのです。

しかし、朝になり目が覚めると、元の使用人に戻り、こき使われるという日々を送っていました。


ある人が、使用人を憐れんでいいました。

「あなたも年を取って、毎日こき使われ、さぞお辛いでしょう」

すると、使用人がいいました。

「いいえ、そうでもありません。人生一〇〇年として、昼が半分、夜が半分です。昼は辛い仕事をしていますが、夜は眠ると、王になった夢を見、この上なく楽しい日々を送っています。ですから別に不満はありません」

一方、主人の尹さんは、昼は金儲けに身も心もすり減らし、夜、床につくと、毎夜使用人になった夢を見、朝から晩までこき使われ、怒鳴られ、うなされ通しの苦痛の連続でした。

たまりかねた尹さんは、友人に相談しました。友人がいいました。

「君は財産もあり恵まれているのに、寝ても覚めてもいい思いをしようなど虫がよすぎる。寝て見る夢を変えることができないのであれば、君は一生食うのには困らないのだから欲を抑え、昼の仕事をゆったりして生きる。そうすれば、少しは楽になるのではないか」

尹さんは、もっともだと思い、次の日からあくせくせず、ゆったり生きるようにし、使用人の仕事も減らしてやりました。

すると、尹さんも使用人も、ともに苦しみが減り、楽しみが多くなったといいます。

まさに、熟年になり、老後を楽しく生きるヒントがここに示されているといえましょう。

寝て見る夢は、辛い夢、楽しい夢も自分で変えることはできません。しかし、起きているときに頭で思う空想（夢）は、いくらでも変えることができます。

旅行をする夢、孫と遊ぶ夢。

自然の野山を散策する夢、温泉に浸る夢。

おいしいご馳走を食べる夢、好きな人とデートをする夢。

……そんな夢ならタダで、いつでもどこでも見放題で楽しめます。

たとえ辛く苦しい現実のなかでも、病床にあっても、楽しい夢を見ることによって癒されます。

年を取ってからの夢は、叶えなくてよいのです。年寄りの欲は見苦しいといいますように、叶えることによって支障があることのほうが多いですから、見るだけでよいのです。

欲を追求した煩悩多き夢は、遠離一切顚倒夢想しても、心温まる楽しい夢は、老後の心の癒しと、現実生活との中和に必須のものといえます。

大切な教え

遠離一切顛倒夢想

熟年になってからの夢（欲求）は、無理に叶えようとせず、夢を見て楽しむくらいの心がけがちょうどよいのです。

23 悲しみの人生から喜びの人生へ

究竟涅槃《くぎょうねはん》

誰でも悟りは開ける

究竟涅槃の究竟は、〝この上ない〟という、最上級を形容する言葉で、涅槃は、一切の迷いから脱した、やすらぎの境地を意味します。

通して訳しますと、この上ないやすらぎの境地、となります。

涅槃は、サンスクリット語でニルバーナといい、煩悩の三つの根源である、貪欲《どんよく》、瞋恚《しんに》（怒り）、愚痴《ぐち》という三毒が消滅したやすらぎをいいます。

人が死にますと、三毒も消滅しますから、死を涅槃に入るといいますが、究竟涅槃は、死んで到達するのではなく、生きて悟りを得た菩薩たちの世界をいいます。

では、煩悩を抱えたわれわれ凡人は、悟りを開くなど容易ではなく、この上ないやすらぎの世界（究竟涅槃）に生きることはできないのでしょうか。

いいえ、それが誰にでも簡単にできるのです。そのためには、考え方を転換することです。その方法を示唆した、仏教の次の話があります。

◎この逆転発想

昔、京都・南禅寺《なんぜんじ》の門前町に、一人のおばあさんが住んでいました。そのおばあさんは、どうしたことか毎日泣き暮らしていました。そこで人々が〝泣きばあさん〟とあだ名をつけました。

ある日、南禅寺の和尚が、用事があって外出し、用事を終えて帰り道に門前町を通りました。例の泣きばあさんが、縁台に座って泣いているのが目にとまりました。

和尚は思いました。

「毎日泣いているのには、なにか深いわけがあるに違いない。今日は私も時間があるので、おばあさんの話を聞き、私にできることなら力になってあげよう」

そして、おばあさんに話しかけました。

「おばあさん、毎日泣いていらっしゃる理由を私に話してください。私にできることでしたら力になりますよ」

「和尚さん、よく尋ねてくださいました。実は私には二人の娘がおります。娘たちは無事、成人し、それぞれ嫁いでいきました。ところが、上の娘は〝傘屋〟に嫁ぎ、下の娘は〝草履屋〟に嫁いだのです。ですから、今日のように天気のいい日には、上の娘が嫁いだ家の傘が売れない、上の娘は困っているだろうと思うと、悲しくなって泣けてくるのです。また、雨の日には、下の娘の家の草履が売れない、下の娘は困っているだろうと思うと、悲しくなって泣けてくるのです。ですから、照っても泣き、降っても泣き、毎日泣き暮らしているのです」

これを聞いた和尚は、笑い出していいました。

「なんだ、そんなことで泣いていたのか。私はもっと深刻な悩みでもあるのかと思った。だが、おばあさん、それはあなたの考え方が間違っていますよ。そのように考えるのではなく、今日のように天気のいい日には、下の娘の家の草履が売れると思って喜び、雨の日には、上の娘の家の傘が売れると思って喜びなさい。そうすれば、照っても喜び、降っても喜び、毎日が喜びの暮らしになるではないか。このように考えなさい」

これを聞いたおばあさんは、なるほどそのとおりだと合点して、その日から、笑い暮らすようになったといいます。

この世をやすらいで生きるには

さて、毎日泣き暮らしていた人が、なぜ、笑い暮らすようになったのでしょうか。二人の娘さんが嫁いだ家が、それぞれ商売替えをしたのでもありません。毎日が晴れだけになったのでも、雨だけになったのでもありません。環境や状況はまったく同じです。

転換したのは考え方だけです。一つのものごとを、後ろ向きで消極的なものの見方、考え方から、前向きで積極的なものの見方、考え方に転換するだけで、人は悲しみの人生から、喜びの人生に生きることができるのです。

すべてのものごとには、良い面と、悪い面が共存しています。悪い面だけを見ていると辛く悲しくなりますが、良い面のみを見ていくようにすれば、楽しく幸せに生きられるということです。

このように、考え方を転換するだけで、同じ状況のなかで、楽しく幸せに生きることができるのです。これが、究竟涅槃、つまり、この世をやすらいで生きることなのです。

最近ふと、陶淵明《とうえんめい》（三六五－四二七）の詩「帰去来辞《ききょらいのじ》」を読み返し、心がやすらぎました。以前、読んだときは、さほど心に留まらなかったのですが、年のせいでしょうか、心にぴったりとくるのです。特に末尾の文に共感しましたので訳文を記しておきます。

〝肉体が、この世に仮に宿っているのも、あとどのくらいの長さなのか。どうして心のままに、生死を運命に任せておかないのか、いまさらあわてふためいて、どこに行こうというのか。財産も地位も、私の願うところではない。不老不死の世界も、望むところではない。私は、春ののどかさを思い描いて、ひとり野山を歩き、また、杖を地面につき立て、畑の草取りをする。さらに、東の丘に登り、のんびりと詩を詠《うた》い、そして、清流を眺めて、詩をつくる。こうして、天命にまかせて、死ぬのなら死んでいこう。天から授かった運命を楽しんで世を送れば、何も心配することはない〟

陶淵明が、この詩をつくったのは、四十一歳で役人を辞め、故郷に帰ってからです。六十三歳で亡くなっていますから、昔は、今日と比べて老境が早く訪れていたのでしょう。八十代の私が共感するのですから。

「宋書《そうじょ》」の陶潜《とうせん》（淵明）伝に、役人を退任した経緯が記されています。

「郡から役人がやってきたとき、上官が、衣服を整えて迎えるよう陶潜に指示した。そのとき陶潜がいった。〝私は、五斗米のために、腰を折って田舎役人を迎えるようなことはできない〟。そして、辞表を叩きつけて、帰去来（いざ、帰りなん）を詠んだ」

五斗米とは、給料のことです。給料のために卑屈にならないとする気位の高さでしょうが、これでは組織で生きることはできません。陶淵明は、根っからの自由人だったのでしょう。

大切な教え

究竟涅槃

すべてのものごとには、良い面と悪い面が共存しています。ものの見方や考え方を後ろ向きで消極的なものから、前向きで積極的なものに転換するだけで、楽しく幸せに生きることができるのです。

24 「三世」の中で生き抜くために

三世諸仏《さんぜしょぶつ》
依般若波羅蜜多故《えはんにゃはらみたこ》

◎未来の仏とは、あなたかもしれない

三世とは、過去、現在、未来を意味します。諸仏は、多くの仏のことです。
依般若波羅蜜多故を、読み下し文にしますと、般若波羅蜜多に依《よ》るが故《ゆえ》に、となります。般若波羅蜜多は、前に述べましたように、真実に目覚める智恵を意味しますから、真実に目覚める智恵に依るが故に、となります。

通して訳しますと、過去から、現在、そして未来にわたる多くの仏たちも、真実に目覚める智恵によって、となります。

真理を会得して悟りを開き仏となられたのが、釈尊ですが、初期仏教では、釈尊以前にも六仏が存在したとされ、釈尊と合わせて〝過去七仏〟といいます。

その後、釈尊の教えにより、真理を会得して仏となった方々を、仏祖とか、祖師といい、今日まで多くの仏が出現されました。また、これからも仏教に学び真理を会得して仏になる方々を含め、過去千仏、現在千仏、未来千仏と論じられています。

未来に出現されることが予告されているのが〝弥勒《みろく》菩薩〟です。今は兜率天《とそつてん》という天界で、天人たちを教化されていますが、五十六億七〇〇〇万年の後、人間界に降り立ち救済されるといわれています。

気の遠くなるような話ですが、これは、過去から、現在、そして遠い未来にわたって人々を守り、救済するという仏の願いが込められているのです。

また、未来の仏とは、あなたかもしれません。現世で仏の教えに学び、発心《ほっしん》し、修行して、真理を会得して悟れば仏になれるのです。

仏という字は、人偏に無（ム）と書きますように、人が自我を空《くう》じて無我になれば仏であると示されているのです。

釈尊は、今世でお悟りになりましたが、そのために過去世で多くの善根《ぜんこん》を積まれています。そのことが〝前生譚《ぜんしょうたん》〟として、多くの経典に説かれています。

◎世にも恐ろしい羅刹に化けて……

「涅槃経《ねはんぎょう》」に次の話があります。

昔、釈尊が前生で雪山童子《せっせん》であったとき、彼は、ただ仏法を求めるために、財産も、妻子も、仕事もすべてを捨てて出家しました。求める道はただ一つ、真理を会得する悟りのみで、そのためには自分の手足をも捨てる覚悟で修行に励んでいました。

その様子を天界から見ていた帝釈天《たいしゃくてん》が、雪山童子の求道心が本物かどうか試してみようと思い、世にも恐ろしい羅刹《らせつ》（食人鬼）に化けて現れていいました。

「諸行無常《しょぎょうむじょう》、是生滅法《ぜしょうめっぽう》（あらゆるものは移り変わる、このようにすべてのものは生じたり滅したりする定めである）」

童子は、この偈文《げもん》を聞いて感激しました。まさに、自分が求めていた道だったからです。童子がいいました。

「あなたは、どこでこの言葉を聞かれたのですか。この偈文は真理ではありますが、すべてではないと思います。残りの言葉も教えていただけませんか」

「それよりも、わしは腹が減っているのだ、まず私に食べ物を与えてくれ」

「あなたの欲する食べ物とはなんですか」

「わしの食べ物は人間だ。だが人を殺して食べることはできない。人が死んだ瞬間の新しい肉を食べるのだが、なかなか手に入らず飢えと渇きに苦しんでいるのだ。もし、おまえの身体を提供してくれるなら、教えてやろう」

「分かりました。教えてくださるなら、喜んで私の身体を食事として提供しましょう」

「おまえは、残されたわずか八文字の偈文のために命を投げ出そうというのか」

「はい。たとえ命を永らえたところで、やがて死ぬ身です。それに道が得られるわけではありません。しかし、今、教えてくだされば、私は道を得て仏に生まれ変わることができるのです。もし、瓦を投げ捨てて宝珠を得ることができるとしたら、喜んで瓦を投げ捨てるでしょう。それと同じように、私は、汚れた身体を捨てて、仏身が得られるのですから、命を投げ出すことを惜しむものではありません」

「おまえがそれほどまでにいうのであれば、残りの偈文を教えてやろう。それは〝生《しょう》滅滅已《めつめつい》、寂滅為楽《じゃくめついらく》（生じたり滅したりするという思いを滅却すれば、心のやすらぎという楽しみが得られる）〟だ」

童子は、この偈文を聞くと直ちに悟りを得ました。童子は感激して、涙が頬を伝いました。

「ありがとうございました。今、承った教えを、私一人が知り得たのではもったいなく存じます。私は命を惜しむのではありませんが、これを後の人々にも伝えたく思いますので、今しばらく時間をください」

童子は、すぐさま、近くにある大きな石や樹に、〝諸行無常、是生滅法、生滅滅已、寂滅為楽〟（雪山偈）と刻み込みました。

そして、崖の上にそびえる大きな木によじ登り、そこから崖の下に身を躍らせたのです。童子の身体が地面に叩きつけられようとした瞬間に、羅刹は元の帝釈天の姿に戻り、童子をしっかりと受け止めて童子にいいました。

「まさにあなたこそ、真の菩薩です。どうかこれからは、迷い悩む人々を正しい仏の教えに導いてください」

帝釈天は、姿を消すと天界に帰っていきました。

◎未来のために「善因」を積み重ねる

このような、釈尊の前生譚は数多くあります。悟って仏になるという、善果を築くには、過去世に善因を築くことが不可欠だという教えです。

われわれは、過去世で善因を築くことができなかったとしても、せめて現世でよいことを行い、善因を築いていけば、来世に仏になるという、善果をもたらすのです。

「易経《えききょう》」に、積善の家には必ず余慶あり、積不善の家には必ず余殃《よおう》あり、とあります。よいことを積み重ねた家には、子子孫孫の後に至るまで慶福が及ぶが、不善を積めば、その家は後世まで災禍を受けるものだという教えです。いずれも、善因善果、悪因悪果が、東洋の根底の思想です。

大切な教え

三世諸仏　依般若波羅蜜多故

現世でよいことを積み重ねていけば、来世には仏になるという善果をもたらします。

過去の行いが現世に、現世の行いが来世に、とつながっていくのです。

第五章

心やすらかに生きるコツ

人生の醍醐味はこれから

得阿耨多羅《とくあのくたら》三藐三菩提《さんみゃくさんぼだい》

25 「あるべきよう」を「あるべきまま」に

◎「仏」という文字の意味

得は、原語はマビサンボダですから、成就していることを意味します。ですから、単に得るということではなく、自らの意思にかかわらず、自然にそなわった状態をいいます。

阿耨多羅三藐三菩提は、サンスクリット語のアヌッタラ、サンミャクサンボウデイを、漢字に当てて音写したもので、完全な悟りを意味します。

通して訳しますと、完全な悟りを成就された、となります。

経典を漢訳するときに、なぜ、アヌッタラ、サンミャクサンボウデイの言葉を原語のままにしたのでしょうか。それは、経典を漢訳するに際して定められた決まりがあるからです。

それを〝五種不翻《ふほん》〟といいます。五種とは、秘密不翻（真言や陀羅尼《だらに》のような、仏の言葉としての呪文は訳さない）、此方無不翻《しほうむ》（インドにあって中国にないものは訳さない）、多含不翻《たごん》（一つの言葉に多くの意味があり、限定できないものは訳さない）、順古不翻《じゅんこ》（古に順ずる意で、以前から訳されず用いられた言葉は先例に従って訳さない）、尊重《そんじゅう》不翻（ありがたい言葉で、訳すと本来の意味が損なわれる場合は訳さない）をいいます。

阿耨多羅三藐三菩提は、順古不翻に当たり、先に「般若経」を漢訳した、鳩摩羅《くまら》什《じゅう》などの旧訳《くやく》に従ったのです。

アヌッタラ、サンミャクサンボウデイを、あえて漢訳しますと、〝無上正等覚《むじょうしょうとうかく》〟（この上ない正しい悟り）、〝無上正遍智《しょうへんち》〟（この上なくあまねく行き渡った智恵）、〝無上正真道《しょうしんどう》〟（この上ない正しい真理）と、三つの面から訳すことができます。

仏教の究極の目的は、悟りを得て仏になることです。ですから、仏門に入った者は、発心《ほっしん》し、真剣に修行して悟りを目指すのです。そのためには他のことにわき目も振らず修行するという、向上心を持たねばなりません。

仏教とは、仏になるための教えという意味でもあります。他の宗教は、不完全な人間がよりよく生きるために、完全な神を立て、神を信仰することにより庇護してもらうという二元論ですが、仏教は、不完全な人間が、仏の教えを信じて発心し、修行して悟り、自らが仏となるという一元論の宗教です。ですから、仏という文字は、人が仏になるので人偏がついているのです。

傍《はた》から見ますと、仏門に入ると楽そうに見えますが、実は、悟るか、堕落するかの真剣勝負の世界なのです。今は、悟る人は少ないのが実態ですが……。

◎自我が消えると〝智恵〟が現れる

禅語に、〝三月桃花の節句に、禹門《うもん》三級の波を鯉が飛び越えて龍になる〟とあります。

毎年三月、桃の花が咲く季節になると、多くの鯉が黄河を泳ぎきり、上流にある禹門（竜門の滝）の三級の波（三段の滝の水流）を登ります。大部分は脱落しますが、無事、滝を登りきった鯉は頭に角を生じて龍となり、天に昇っていくことを意味しています。

これは、禅僧たちが一心に修行して悟りを開くことをたとえた言葉です。ですから、禅門では、龍は悟りの象徴として大切にされているのです。

ところがこれに対して、宋代の禅僧の雪竇《せっちょう》重顕《じゅうけん》は、〝鯉がなにも龍になる必要はない。鯉は鯉で何不足〟といわれています。なかなか味わい深い示唆です。

悟ると、何がどう変わるのでしょうか。自己が仏になったからといって、身体から光を放つわけでもなく、周囲の環境が極楽のごとく変化するわけではありません。人間ですから、腹も減れば、暑い寒い、痛いかゆいも感じます。状況や環境も何も変わることはありません。これが悟りだという特別なものが存在するのではないのです。悟りとは、自我（煩悩）すなわち、欲やとらわれなど、自己への執着が消滅した状態をいいます。自我が消えますと、自己の内にそなわっている〝智恵〟が現れてきます。その生じた智恵がそのまま悟りなのです。

ですから、悟りの智恵は、外からやってくるのでも、新たに生じるのでもありません。自我が消滅すれば、ちゃんと自己の内にそなわっているのです。日頃は自我に覆われていて気づかないだけなのです。

すなわち、鯉は悟れば鯉のまま仏といえましょう。

誰でも時に、自己の行為を反省して、自己の内にある智恵に気づくことがあります。しかしそれも束の間、すぐに自我に覆われるというのでは、悟りとはいえません。本当に悟れば、再び自我を生じないのですから、多くの人は容易に悟れないのです。

◎仏教は〝ゼロ〟の教え

キリスト教やイスラム教は一〇〇点の教え。仏教は〇点の教えといわれます。キリスト教やイスラム教は、完全不可欠な一〇〇点の神を崇めます。ですが、仏教では、欲を捨てよ、無になれ、と説きますから、〇点の教えです。

人間には欲心がありますから、生きていくうちにいろいろなものを積み上げて点数を重ねていきますが、それがうまくいかず、迷ったり、悩んだりして、仏教に救いを求めます。そのとき仏教の答えは〝肩の荷を全部おろし、すべてを捨て去って身軽に生きなさい。生まれたときはゼロです。スタート台に立ったと思いなさい〟というように、ゼロに立ち返ることを教えるというわけです。

そうです。このゼロに立ち返ることが悟りなのです。ゼロを、〝無〟とか〝空《くう》〟といいます。

高野山の明遍僧都《みょうへんそうず》が、山を下り、京都の栂尾《とがのお》に明恵上人《みょうえしょうにん》を訪ねていいました。

「仏法とはなんですか」

「仏法は、ただ〝あるべきよう〟の六字のみ」

これを聞いた明遍は、嬉し泣きに涙したといいます。

まさに仏法は、自我を離れ、肩肘張らず、あるべきようを、あるべきままに、淡々と生きていく〇点の教えといえましょう。これが悟れる人の生き方です。

仏教では、有ることも、無いことも、空と説きます。有をX、無をX^2（非X）、空を0とし、有と無は空で等しいわけですから、「$X=X^2$」とし、これを因数分解しますと、「$X(1-X)=0$」となり、論理学的にも証明できるというわけです。

大切な教え

得阿耨多羅三藐三菩提

自我を捨て自己の内にそなわっている智恵に気づくことが悟りです。仏教では、〝肩の荷を全部おろし、すべてを捨て去って身軽に生きなさい。スタート台に立ったと思いなさい〟と、ゼロに立ち返ることを教えています。

26 まっさらなものの見方、考え方

故知《こち》
般若波羅蜜多《はんにゃはらみた》

真実に目覚める六つの実践法

故は、ゆえにという接続詞で、これまで説いてきた内容を受けています。

知は、サンスクリットの原語では〝ツジャタビエン〟ですから、教えという意味です。

般若波羅蜜多は、前にも説きましたように、真実に目覚める智恵のことです。

経文《きょうもん》を通して訳しますと、ゆえに真実に目覚める智恵の教えは、となります。

真実に目覚める智恵を完成させるために不可欠の、六つの実践法があります。それを〝六波羅蜜《ろくはらみつ》〟といいます。

一、布施《ふせ》波羅蜜（他の人に施《ほどこ》しをし、支え合って生きること）
二、持戒《じかい》波羅蜜（戒めを守り、悪をなさないこと）
三、忍辱《にんにく》波羅蜜（どのようなことにも我慢して耐え、自己に打ち勝つこと）
四、精進《しょうじん》　波羅蜜（仏の悟りを目指し、一心に努力すること）
五、禅定《ぜんじょう》　波羅蜜（身心《しんじん》の統一と安定をはかること）
六、智恵《ちえ》波羅蜜（ものごとの真実を正しく見通すこと）

これらの六つを行《ぎょう》じて、智恵の完成（悟り）を目指すのです。

◎一歩引いて、まっさらな心で相対する

仏典に次の話があります。
昔、インドの響面王《きょうめんおう》のもとに、遠国から数人の客が訪れました。王は、宴会を催し

て来客をもてなしました。

宴もたけなわになったとき、客の一人が王にいいました。

「インドには、象がいるそうですが、私は一度も見たことがありません。ぜひ一度、象を見たいものです」

「王宮でも象を飼っていますから、すぐ連れてこさせてお見せしましょう」

響面王は、そのとき面白い趣向を思いつき、客人たちに提案しました。

「象を見てしまえば、それだけのことです。そこで、あなた方に目隠しをしていただき、象を手でさわってみてそれぞれの印象を語り合い、そのあとで実物を見るという趣向はいかがでしょう」

客人たちは、王の提案を喜び、それぞれ目隠しをして象の到着を待ちました。

象が到着すると、客人たちは象のそばに導かれ、象に触れました。ある客は足を、ある客は尻尾を、ある客は胴体を、ある客は耳を、ある客は鼻を、ある客は牙に触れ、それぞれが象の印象を思い描きました。

そこで、王がいいました。

「さあ、お一人ずつ、象の印象を話してください」

最初に、足に触れた客がいいました。

「漆《うるし》で固めた大きな桶のようでした」

次に、尻尾に触れた客がいいました。

「いえ、縄のようでした」

胴体に触れた客がいいました。

「それは違います。広い壁のようでした」

耳に触れた客がいいました。

「いや、大きな団扇《うちわ》のようでした」

鼻に触れた人がいいました。

「太いホースのようでした」

最後に、牙に触れた客がいいました。

「みな間違っている。角のようだったよ」

それを聞いた響面王は、腹を抱えて大笑いしていいました。

「いや失礼しました。まさに木を見て森を見ずとはこのことです。さあみなさん、目隠しを取って、象の実際の姿をよくご覧ください」

客人たちは目隠しを取り、はじめて見る大きな象の姿に、目を見開いて驚きました。

王が客人たちにいいました。

「世の人々が、自分の思うことを正しいと主張して、真理に迷っているのも、まさにこのようなことでしょう」

われわれの多くは、今日まで、見たり、聞いたり、体験したり、学んだり、会得したりしたことをベースに判断し、目先のことや、先入観、偏見、固定観念にとらわれてしまい、ものごとの真実や、道理、本質などを見失っていることが多いのではないでしょうか。

熟年になりますと、自分の意見に固執して譲らず、頑固になりがちですが、現代は特に社会の変化も激しく、ものの見方・考え方も変わっています。一歩引いてまっさらな心で、若い人の言い分にも耳を傾け、考え、論じ合ってみますと、意外に新たな展開が開かれてくるものです。

これは、般若波羅蜜多（智恵の完成）にはほど遠いかもしれませんが、智恵の展開にはつながると思います。

◎いつだって積極的に、前向きに

唐代の禅僧香厳《きょうげん》禅師は、潙山《いさん》和尚のもとで修行していましたが、容易に悟れませんでした。香厳は、なぜ自分は悟れないのかと苦悶し、次のような答えを考えつきました。

「私が悟れないのは、私に徳がないからだ。それなら、今から徳を築き、今世で悟れなければ、来世で悟りを得よう」

と。

そして、潙山和尚の師である、亡き慧忠《えちゅう》国師の墓守となり、毎日墓陵の掃除をしながら坐禅の修行をするという暮らしぶりでした。

ある日、竹箒で掃除をしていたとき、箒の先ではねた小石が、竹藪の竹に当たって

〝コーン〟と音を立てました。香厳はその音を聞いて、ハッと悟ったのです。これを〝聞声《もんしょう》悟道《ごどう》〟といいます。

普通の人なら、努力しても悟れなければ、「私は運がないのだ」とばかり、そこであきらめてしまいます。

あきらめて修行をやめてしまえばそこで終わりです。しかし、香厳はどんな状態でも弱音は吐かず、徳がなければ今から徳を築くという、積極的で前向きに取り組むすごさに感嘆します。

これが精進波羅蜜です。

香厳禅師は、悟り得て次の偈《げ》を述べています。

「去年の貧は未だ是《こ》れ貧ならず。今年の貧、始めて是れ貧」

貧は、何もない意で〝空《くう》〟と同義です。つまり、今まで空だと会得していたことは本物ではなかった。今、会得した空こそ本物だ。というものです。そこには空という思いすらない境地です。これが般若波羅蜜多です。

大切な教え

故知　般若波羅蜜多

般若波羅蜜多（智恵の完成）は容易ではありませんが、目先のことや、先入観、固定観念に固執せず、まっさらな心で若い人の言い分にも耳を傾け、考え、論じ合ってみますと、意外に新たな展開が開けてくるものです。

27　充実した「余生」のために

是《ぜ》大《だい》神《じん》呪《しゅ》
是《ぜ》大《だい》明《みょう》呪《しゅ》
是《ぜ》無《む》上《じょう》呪《しゅ》
是《ぜ》無《む》等《とう》等《どう》呪《しゅ》

○一心な祈りは心を浄化する

是は、これはという意味で、〝般若波羅蜜多《はんにゃはらみた》〟（真実に目覚める智恵の教え）を指しています。

大神は、大いなる不可思議な霊力を意味します。

呪は、サンスクリット語でマントラといい、真言、呪文などと漢訳され、真実にして偽りがない言葉という意味です。仏や菩薩、明王《みょうおう》、諸天などの徳を讃《たた》えたり、誓いや教えなど深い意味を含んだ秘密の語句を指します。

大明は、大いなる真理に明るいという意味です。

無上は、この上なくすぐれていることで、無等等は、他に比較するものがない、という意味です。

経文《きょうもん》を通して訳しますと、これは大いなる霊力を持った言葉であり、明らかなる言葉であり、この上ない言葉であり、他に比較するものがないほどすぐれた言葉である、となります。

呪文は、仏教成立以前からインドの古代宗教バラモン教などで祭祀のときに用いられていました。当時は、呪文を唱えることによって神仏の加護を得ることができ、あらゆる障害を取り除き、福徳を得る功徳《くどく》があるとして、病気の治療や、毒蛇の退散、雨乞いや災害除けの祈禱に用いられました。

仏教も、人々を災害や障害から守り、福徳を与え、願望を成就し、病気や魔を退散させる、現世利益《りやく》の手段として呪術や祈禱を取り入れました。

真実に目覚める智恵の教えは、まさにこうした呪文のように、霊力があり、明らかであり、この上ないものであり、他に比類がないほどすばらしいものだと讃えているのです。

仏門では、日常的に呪文や経文を唱えて、仏を礼拝したり、一心不乱に祈ったりする行《ぎょう》をなします。つまり、呪文は祈りでもあります。一心な祈りは、仏身と一体になり、無心になり、身心《しんじん》を浄化します。こうした行者の誠心が神仏に通じ、力を得て、加護を得ることにつながるのです。

ですから、病気や災厄などで辛く悲しいときには、一心に仏に祈ることで、神仏の加護を得て解消されるのです。

また、祈りは、気を鎮める効果があるといわれますから、不安や怒りにあるとき活用されるとよいでしょう。さらに、心理学的にも自己暗示につながり自信につながりますから、願望が成就することになります。

◎あなたは何歳まで生きたいか

ある商家の老人が、一休《いっきゅう》禅師を訪ねていいました。

「私は今年八十歳になり、身心の衰えを感じ、そろそろあの世からお迎えが来そうな気がします。ですが、まだ孫が幼く、もう少し長く生きたいと思うのですが、長生きのご祈禱をしていただけないでしょうか」

一休禅師が、老人に尋ねました。

「あなたはいったい、何歳まで生きたいのかね」

「できれば、一〇〇歳まで生きられたらと思うのですが」

「あなたは欲の少ない人だ。どうせ祈禱するのなら、もっと欲張ってもいいのではないかな」

「えっ、もっと望んでもよいのですか。それなら一二〇歳までお願いします」

「では、一二〇歳以上は生きたくないということだな」

「いいえ、それなら一五〇歳でお願いします」

「あなたのしみったれた欲には驚いた。一〇〇や二〇〇という有限の欲より、なぜ永遠に死なないことを願わないのだ」

老人が、あっけにとられて尋ねました。

「あのう、永遠に死なないご祈禱があるのですか」

「あるとも。〝般若心経〟の教えに説かれているだろう。不生不滅《ふしょうふめつ》と。教えを信じ、真理の仏法と一体になって生きれば、生死を超越して生きることができるのだ」

老人は、お礼を述べて帰ったといいます。

真剣な祈りのなかから、信念が生まれます。そして、信じ切って信が不動になったとき、信じて疑わないという心が決定《けつじょう》するのです。それが大安心《だいあんじん》です。あるがままにまかせる大安心の境地に到達すれば、生きるも死ぬも超越できます。

◎安心して今を生きるための「老後対策」

さて、現実面での老後の大安心については、次の数値を根底にして考えてみましょう。

「令和四年高齢社会白書」によりますと、六十五歳以上の高齢者人口が、過去最高の三六四〇万人となり、総人口に占める割合は二十九・一%となったとあります。また、高齢者のなかで一人暮らしの人の割合が増加し、二〇三〇年には男性十七・八%、女性二十・九％に達するそうで、高齢者と高齢独居者は今後ますます増えていきそうです。

さらに、一生のうちで健康面の支障がなく日常生活が送れる〝健康寿命〟の平均は、男性七十二・六八歳、女性七十五・三八歳だそうですから、健康寿命をいかに延ばすか、また、支え合っていくかが幸せな人生後半を過ごすカギとなります。

そのためには、親・子・孫世帯が近所に住み、相互に支え合うような住居の工夫が大切です。

信頼感で結ばれ、適度な距離を保って生活すれば、精神面でも、経済面でも、時間面でも、ゆとりが生まれ、充実した余生が送れると思います。

これから高齢者が、優先的に考えるべきお金の使い道として、「三世代ご近所暮らし」のための、住宅の新築、増改築、修繕を進められることが得策ではないでしょうか。

特に、高齢者の住居は、寝室、トイレ、洗面所、台所、居間が相互に近くコンパクトにまとまっていて、床面はフローリング、随処に手すりをつけ、冷暖房が完備していることが望ましいのです。
安心して老後を過ごすことができれば、生死の不安も消滅できます。

大切な教え

是大神呪　是大明呪　是無上呪　是無等等呪

仏教は、現世利益の手段として呪術や祈禱を取り入れています。一心な祈りは、仏身と一体になり、無心になり、身心を浄化します。病気や災厄などで辛く悲しいときや不安や怒りにあるときは、一心に仏に祈ることで、誠心が神仏に通じ、力を得て、加護を得ることにつながるのです。

28 つい、惑わされそうになったなら

能除一切苦《のうじょいっさいく》
真実不虚《しんじつふこ》

快楽を求めると「苦」がやってくる

能除は、よく取り除くこと、一切苦は、すべての苦しみの意、真実は、すべてのものごとの真理を指し、不虚は、虚《むな》しくない、嘘がない、という意味です。

通して訳しますと、よく一切の苦しみを取り除き、真実にして虚しさがない、となります。

人々が愚痴に覆われ、快楽を求めると、人生が苦になることを〝一切皆苦《いっさいかいく》〟といいます。そこで、真実に目覚める智恵である般若波羅蜜多《はんにゃはらみた》の教えに学び、迷いを離れ、正しい道を歩むことができれば、苦しみから解放されるのです。これを、よく一切の

苦を除く、というのです。

さて、ここで〝真実にして虚しさがない〟とダメ押しされているのはなぜでしょうか。それは、「般若心経」では、最初からずっと、無や不、空《くう》といった言葉を用いて、否定とさらなる否定を繰り返してきました。そこで、本来肯定すべき〝般若波羅蜜多〟の教えまで否定してはならないので、〝ただ一つの真実であるから、信じて虚しさがない〟と示されているのです。

◎盲目の弟に反論しなかった兄の慈悲

シュニッツラー作の小説に『盲目のジェロニモとその兄』があります。

オーストリアの片田舎に、カルロとジェロニモという兄弟の少年が住んでいました。両親の愛情を得て、二人は毎日野山を駆け巡り仲よく過ごしていました。

あるとき、父から買ってもらったおもちゃの吹き矢で遊んでいるとき、兄が吹いた矢が誤って弟の目に突き刺さってしまいました。

昔のことで、眼科医も薬もなく、ついに弟は両眼とも失明してしまいました。兄は大変後悔し、〝一生、弟の面倒を見ていこう〟と決意しました。

悪いことは続くもので、父が病気で亡くなり、母もあとを追うようにして亡くなり、兄弟だけが残されました。今までは両親がいて、食べることには不自由しませんでしたが、やがてお金もなくなり食べ物にも不自由するようになりました。

兄のカルロは、これからの生活のことを考え、次のような方法を思いつきました。

「弟は歌がうまい。僕はバイオリンが弾ける。田舎を出て都会に行き、街頭で歌を歌って、聴衆からお金をもらって生きていこう」

それから二人は、毎日街頭に立ち、カルロがバイオリンを弾き、弟がそれに合わせて歌を歌い、歌が終わると、カルロは帽子を脱いで聴衆に布施を乞いました。いつも帽子の中に喜捨《きしや》されるお金は、十円玉と百円玉が数枚といったところでしたが、二人はそれでささやかな生活を送っていました。

ある日、街頭で歌を終え、カルロが帽子を持って聴衆に喜捨を乞うているとき、一人の男が、目が見えないジェロニモに近づき、耳もとでささやいて去っていきました。

「今、おまえの連れの帽子の中に、一万円を入れておいたからな、騙されるんじゃあないぞ」

ジェロニモは、兄がそばに戻ってくるのを待ち遠しく思いました。一万円あれば、おいしいご馳走が食べられるからです。ジェロニモは戻ってきた兄にいいました。

「兄さん、今一万円もらったんだってね。僕まだ触ったことがないから触らせてよ」

カルロが帽子の中を見ていいました。

「何をいっているんだ。そんな大金くれる人なんていないよ」

「そんなはずないよ。先ほど親切な人が僕に教えてくれたんだ。兄さんは僕を騙しているんだ」

兄は反論しようとしましたが、思いとどまりました。弟の目が見えたらそのようなことをいうはずはない。弟の目が見えなくなったのは自分のせいだと思ったからです。弟をなだめながら、夕方になったので木賃宿に帰りました。

◎仏の慈悲とは、こういうこと

木賃宿は、旅商人や大道芸人などが雑魚寝する粗末な宿です。その日も多くの人が泊まっていました。カルロは、弟を寝かしつけると、みんなが寝静まった真夜中に寝床を抜け出し、宿泊客の中で一番金持ちそうな旅商人の枕元に忍んでいき、商人のポケットから財布を取り出し、なかから一万円札を抜き取ると、財布を元に戻して自分の寝床に入り眠りました。

翌朝、早く目を覚ましたカルロは、弟を揺り起こしていいました。

「今日は別の町に行くから早く宿を出よう」

宿からしばらく離れた場所で、眠そうについてくる弟にいいました。

「昨日はごめんね。ここに一万円札があるから触ってごらん」

弟が、顔を輝かせていいました。

「やはり、あったんだね。これが一万円なんだね」

弟は、一万円札を受け取ると、それを頬に押し当てて嬉しそうでした。

そのとき、カルロの肩をつつく人がいました。

「君、ちょっと警察まで来なさい」

カルロが振り向くと、それはお巡りさんでした。宿泊客の誰かが昨夜のことを見ていて警察に通報したのでしょう。

「はい、申し訳ありません」

カルロはそういって、お巡りさんについていきました。

そのやりとりを聞いていたジェロニモは、瞬時に一切のことが分かりました。昨日、一万円なんてもらっていなかったのだ。なのに、僕が誰か分からない人の言葉を鵜呑みにして、兄さんを疑った。兄さんは僕の思いを叶えてやろうとして、誰かのお金を盗って僕に見せてくれたのだ、と。

そう思うと、兄さんに申し訳なく、お巡りさんに連れられていく兄さんの背中に向かって大声でいいました。

「兄さん、ごめんなさい」

するとカルロが振り返っていいました。

「いいんだ。おまえの信頼が取り戻せて嬉しいよ」

ジェロニモは、兄を追いかけて走っていきました。

まさに、他人の言葉に惑わされ真実を見失う弟こそ衆生《しゅじょう》の姿であり、兄こそ仏の慈悲といえましょう。

大切な教え

能除一切苦　真実不虚

人は迷い惑わされやすいものですが、真実に目覚める智恵である般若心経の教えに学び、正しい道を歩んでいきましょう。

29 本当の大きな価値を得る「無欲」の心得

故説《こせつ》
般若波羅蜜多呪《はんにゃはらみたしゅ》
即説呪曰《そくせつしゅわつ》

迷いと悟りをつなぐ架け橋

故説の故は、今まで説いてきた教えを受けて、〝そこで〟という意味です。説は、説くことです。般若波羅蜜多呪は、真実に目覚める呪文のことです。即説呪曰は、すなわち呪文を説いていう、という意味です。

通して訳しますと、〝そこで、真実に目覚める呪文を説こう。すなわち呪文を説いていうには〟となります。

通常の文章でしたら、故説般若波羅蜜多呪だけで、次の呪文に入ればよいところを、さらに、即説呪曰とつけ加えられていますが、実は、これには深い意味があるのです。

それは〝即〟という言葉です。よく〝煩悩即菩提《ぼんのうそくぼだい》〟といいます。つまり、迷いがあるから悟りがある、という意味です。迷いがなければ、悟る必要はありません。即には、煩悩と菩提という、相反する二つの事柄を、論理的に密着させて、一つにする働きがあります。

また、即には、これとは逆の働きがあります。たとえば〝生死即涅槃《しょうじそくねはん》〟です。つまり、人は本来、生まれ死ぬことも、涅槃（煩悩が滅却したやすらぎ）も同じことであるのに、これを別のものだと思い悩み苦しむ、という意味です。

後者の即は、本来同一であるものを、私たちが別だと見誤っているのを正し、本来の同一性に立ち返らせる働きがあります。

ですから、ここで〝即〟を用いたのは、否定と肯定、すなわち、空《くう》と現実という二つの相反するものを論理的に一つにし、また、空と現実という本来一つのものを、私たちが錯覚して別のものであると考え、混乱し動揺しているのを正して、本来の同一性に目覚めさせる方策なのです。

さらに、修辞的には〝即説呪曰〟で、いよいよこの上ない真実に目覚める呪文が開陳されることを強調して〝さあ、呪文が説かれるから、しっかり聞きなさい〟という覚醒の意味もあるのです。

いよいよ「般若心経」も終局に近づき、空と現実、迷いと悟りをつなぐ架け橋に到達したというところです。

◎賢人に学ぶ「物心ともに満たされる人生」

昔から、金持ちになりたい、成功したい、という人は多いものです。その夢を現実にするには、やはり、努力という実践があってはじめて目標に近づけるといえます。目標を現実にするための架け橋に次の教えがあります。

井原西鶴《いはらさいかく》（一六四二－九三）の「日本永代蔵《にっぽんえいたいぐら》」に〝長者丸といえる妙薬の方組《ほうぐみ》〟（長者となる妙薬）として、次の記述があります。

〝朝起き五両、家業二十両、夜なべ八両、倹約十両、健康七両、締めて五十両。この内訳をよく点検して、念入りに調合し、これを朝晩服用すれば、長者にならぬわけがない〟

つまり、朝早く起きて自分の仕事に精を出し、残業も厭《いと》わず、支出を切り詰め、健康であれば金持ちになれるというのです。まさに理にかなった教えです。これを実践すれば、〝貧乏即金持〟といえましょう。


大愚良寛《たいぐりょうかん》（一七五八－一八三一）和尚に、医者の原田正貞《はらだしょうてい》が尋ねました。

「私は金が欲しいのですが、どうしたら金が儲かりますか」

和尚が答えていいました。

「自分の仕事に励んで、人の手元などは見ないことですな」

つまり、本業で一心に働いて金を稼いだら、他人と比較せず、それだけで満足すればよいではないか、との教えです。人と比較をするから、一喜一憂することになるのです。

またあるとき、別の人が、良寛和尚に金儲けのコツを尋ねました。

和尚が答えていいました。

「人に金を借りたら、約束をたがえずきっちり返すことですな」

まさに、信用される者になれば、儲かるという字になります。〝信用即成功〟といえましょう。

幕末の農村復興指導者である二宮尊徳《にのみやそんとく》翁の教えに「報徳仕《ほうとくし》法《ほう》」があります。

〝一、積小為大《せきしょういだい》。二、分度。三、推譲《すいじょう》。四、至誠。五、実行〟

つまり、物事を成すには一度に大きなことを望まず、小さなよいことを積み重ねて大と為すこと。そして、分をわきまえ、収入の範囲で生活すること。自分に余ったものは他人に譲り、ムダをなくすこと。何事を行うにも心を込めて行うこと。善いと思ったことは、すぐ実行すること。という教えですが、熟年の人々の生活にも役立つ実践的教訓です。

また、豊臣秀吉も、次の諸方を説いています。

〝正直五両、堪忍四両、思案三両、分別二両、容赦一両。これを毎朝一服ずつ用いるべし。子孫延命丹なり〟

つまり、正直で忍耐心を持ち、深くものごとを考え、道理をわきまえ、控えめであれば、他の人に愛され、繁栄するというのです。これは人望を高めて多くの支持者を集める〝人望即繁栄〟のパターンといえましょう。熟年者でも、このような人は人格者として好かれ、慕われます。また、後進の人を取り立てたり、育てたりするにも、このような基準で人物を見ればよいのではないでしょうか。

◎欲をつのらせるとすべてを失う

以前、金儲けの神さまといわれた作家の邱永漢《きゆうえいかん》先生にお会いしたとき、色紙に次の言葉を書いていただきました。

〝貯蓄一〇両、儲け百両、見切り千両、無欲万両〟

つまり、こつこつ貯金しても十両くらいしか貯まらないが、商売に励んで努力すれば百両くらいは儲けることができる。しかし、欲をつのらせていくと、すべてを失うことにもなりかねない。時にはすっぱり執着を見切ることができれば、千両の価値がある。だが、本当の大きな価値を得るには、無欲になり、他の人の幸せのために生きることだ。そうすれば、万両の富を得ることができる、というのです。
まさに〝無欲即大欲〟――「般若心経」の説く空《くう》に生きる意義といえましょう。

大切な教え

故説　般若波羅蜜多呪　即説呪曰

般若心経の教えは、空と現実、迷いと悟りをつなぐ架け橋となるものです。夢や目標を現実にするためには努力が必要ですが、その架け橋になるものとして般若心経の教えがあります。

30 「般若の智恵」が開花するとき

◎「みんなで共に行こう」――大乗仏教の要の教え

いよいよ、般若心経の最終章の呪文の部分です。

〝羯諦羯諦　波羅羯諦　波羅僧羯諦　菩提婆訶〟は、漢字に意味はありません。原語のサンスクリット語を、そのまま漢字を当てて音写したものだからです。

呪文ですから、前に述べた五種不翻《ふほん》の秘密不翻に当たります。秘密とは、親密という意味で、一心に呪文を唱えていると、唱える者と、唱えられる仏が一体になることを指します。原語は〝ガテイガテイ　パーラガテイ　パーラサムガテイ　ボウディヒスバーハー〟ですから、実にうまく漢字を当てて音写してあることが分かります。

羯諦羯諦《ぎゃていぎゃてい》
波羅羯諦《はらぎゃてい》
波羅僧羯諦《はらそうぎゃてい》
菩提薩婆訶《ぼうじそわか》
般若心経《はんにゃしんぎょう》

では、原語の意味を示しておきましょう。

ガテイガテイは、行こう行こう。パーラガテイは、真実の世界に行こう。パーラサムガテイは、みんなで共に行こう。ボウディヒスバーハーは、仏の悟りを成就しよう。という意味です。

さて、最後の文、「般若心経」は、経文《きょうもん》の結語に当たり、原語は〝イーティ　プラジュニャー　パーラミター　フリダヤ　スートラン　サマープタン〟ですから、訳しますと、以上で般若波羅蜜多心経（智恵と心髄の教え）を終了する、となり、漢訳では簡略して表示されているのです。

経文《きょうもん》を通して訳しますと〝行こう行こう、真実の世界に行こう、みんなで共に行き、仏の悟りを成就しよう。智恵と真髄の教えを終わる〟となります。

この呪文は、「般若心経」のなかでもっとも有り難い部分であり、大乗仏教の要の教えといわれています。なかでも〝みんなで共に行こう〟というところです。

迷いと苦しみの世界を離れ、喜びとやすらぎの真実の世界に行くのに、自分ひとりが行き着くのではなく、みんなで共に手を携えて行きましょう、というところに、大乗仏教の共生の理念が説かれているのです。この理念を繰り返し唱え、書写し、実践していくことによって、理念と実践が一体となって本当の幸せが実現するのです。

自我を離れ、無我に到達できたなら

中国・唐代の禅僧、黄檗希運《おうばくきうん》が行脚《あんぎゃ》をしているとき、一人の僧と道づれになりました。意気投合して話しながら歩いていくうちに、谷川に差しかかりました。川は急流で橋もなく、黄檗が渡りあぐねていると、僧が衣のすそをまくり上げ、水面に頭を出している石の上を、うまく飛び移りながら向こう岸に渡り着き、振り向いて黄檗にいいました。

「いま、私が渡ったようにして、渡ってきなさい」

すると、黄檗が僧を叱っていいました。

「この自了《じりょう》の漢《かん》め、もっと早くおまえがそんな奴だと知っていたら、殴りつけてやったものを」

これを聞いた僧がいいました。

「まさにあなたこそが真の大乗の器です」

そして、僧は姿を消してしまいました。

自了の漢とは、自分だけが悟って彼岸《ひがん》に渡ればよいとする小乗の羅漢《らかん》をいいます。

釈尊が、あるとき弟子の須菩提《しゅぼだい》にいわれました。

「一人のすぐれた男が、なんらかの因縁のめぐりあわせにより、両親や妻子を伴い深い森の中に入っていった。森の中は不気味で、多くの猛獣や悪鬼が襲いかかり、肝を冷やすような状態に置かれたとき、この男は愛する家族を勇気づけ、自ら多くの悪鬼と戦い、猛獣の害から家族を守りながら、無事安全な場所に連れ出すであろうか。それとも、家族を捨てて、自分一人で逃げ出して助かろうと思うであろうか」

須菩提が答えていいました。

「世尊よ、彼は愛する家族を捨て、自分一人で逃げ出すような男ではありません。有能な彼は、全智全能をしぼって攻撃するものに反撃し、負けもせず、傷つきもせず、愛する家族を守って、怖い森から安全な場所に連れ出すに違いありません」

「須菩提よ、ちょうどそのように、菩薩はあらゆる人を見捨てることなく、人々に慈しみを寄せ、憐れみをかけ、喜びを施《ほどこ》し、利益《りやく》をもたらし、人々を救済するものである。菩薩たちは、智恵の完成と巧みな手立てによって、無上にして完全な悟りを成就することができるのである。なぜなら、菩薩が多くの人々に接して、深い慈しみの心を抱くとき、菩薩は煩悩に属するもの、悪に属するものを超えて、この上ない完成された空性《くうしょう》を熟知するからである。

あらゆるものは実体がない（空性）。あらゆるものは特徴がない（無相）。あらゆるものは欲求に値しない（無願）。という三解脱門を、菩薩は修し、多くの清らかな徳性を増大させ、悟りを獲得していくのである」

まさに、自我を離れ、無我（空《くう》）に到達したとき、般若の智恵が開花するのです。

◎支え合うために、人には出会いがある

人は一人で生きていくことはできません。だから支え合っていくのです。支え合う

ために、人には出会いがあるのです。人との出会いという縁を大切にし、共に支え合って生きることが、真実の幸せにあるときです。

徳川幕府、将軍の剣術指南役を務めたのが柳生家です。その柳生家の家訓に次のように記されています。

小才は、縁に逢って、縁を知らず。

中才は、縁を知って、縁を生かさず。

大才は、袖擦り合う、縁をも活かす。

つまり、つまらない人は、得がたいご縁を得ながら、それが縁だと気づかないから、寂しい人生になる。普通の人は、ご縁を得ると有り難いと思うだけで、生かすことがないからすぐ疎遠になる。優れた人は、ちょっとした出会いでも、喜んで活かし、支え合って生きるから、人生が心豊かなものになる、という教えです。

高齢になって、何よりの喜びは、縁ある人々との交流や、思いやり、優しさ、励まし、などの支え合いです。今までのしがらみや、とらわれを超えて心を開き、思いを共にする人々と共生して行こうではありませんか。

大切な教え

羯諦羯諦　波羅羯諦　波羅僧羯諦
菩提薩婆訶　般若心経

大乗仏教の要となる教えは、喜びとやすらぎのある真実の幸せのため、自我を離れ、みんなで共に手を携えて行こうというものです。人との縁を大切にし、共に支え合って行きましょう。

本書は、株式会社サンガより刊行された『「般若心経」に学ぶ人生訓』を、文庫収録にあたり加筆し、改題したものです。

公方俊良（くぼう・しゅんりょう）

1941年、京都生まれ。天台宗系門跡寺院で得度。教實親王菩提寺蒼竜寺住職。

宗派へのとらわれを廃し、檀家を持たず、終始野にあって、仏教を根底にした教化活動に努める。現代仏教界に活躍する一人として『読売年鑑・人名録』などに収載。

著作は、『般若心経90の知恵』『般若心経　人生を強く生きる101のヒント』（以上、三笠書房）など、80冊以上。

知的生きかた文庫

60歳《さい》からの「般若心経《はんにゃしんぎょう》」

著　者　公方俊　良《くぼうしゅんりょう》

発行者　押鐘太陽

発行所　株式会社三笠書房

〒一〇二-〇〇七二　東京都千代田区飯田橋三-三-一

電話〇三-五二二六-五七三四〈営業部〉

〇三-五二二六-五七三一〈編集部〉

https://www.mikasashobo.co.jp

印刷　誠宏印刷

製本　若林製本工場

ISBN978-4-8379-8817-5 C0130

知的生きかた文庫

心配事の9割は起こらない
枡野俊明

余計な悩みを抱えないように、他人の価値観に振り回されないように、無駄なものをそぎ落として、限りなくシンプルに生きる——禅が教えてくれる、48のこと。

仕事も人間関係もうまくいく放っておく力
枡野俊明

いちいち気にしない。反応しない。関わらない——。わずらわしいことを最小限に抑えて、人生をより楽しく、快適に、健やかに生きるための、99のヒント。

禅、シンプル生活のすすめ
枡野俊明

求めない、こだわらない、とらわれない——「世界が尊敬する日本人100人」に選出された著者が説く、ラク〜に生きる人生のコツ。開いたページに「答え」があります。

気にしない練習
名取芳彦

「気にしない人」になるには、ちょっとした練習が必要。仏教的な視点から、うつうつ、イライラ、クヨクヨを〝放念する〟心のトレーニング法を紹介します。

超訳 般若心経 〝すべて〟の悩みが小さく見えてくる
境野勝悟

般若心経には、〝あらゆる悩み〟を解消する知恵がつまっている。小さなことにとらわれず、毎日楽しく幸せに生きるためのヒントをわかりやすく〝超訳〟で解説。

C50434